善品堂藏書・熊伯齊・篆

图书在版编目（CIP）数据

王蒙讲说《道德经》系列 / 王蒙著 .—北京：人民文学出版社，
4

ISBN 978-7-02-010569-4

Ⅰ.①王… Ⅱ.①王… Ⅲ.①道家②《道德经》—研究
.① B223.15

中国版本图书馆 CIP 数据核字（2014）第 163378 号

王蒙讲说《道德经》系列

著　　者　王　蒙
责任编辑　杨　柳
策　　划　善品堂藏书
出版发行　人民文学出版社
地　　址　北京市东城区朝阳门内大街一六六号
邮　　编　一〇〇七〇五
电　　话　六五二二〇九六一
网　　址　http://www.rw-cn.com
印　　刷　北京市宏泰印刷有限公司
字　　数　四三六千字
印　　张　八八点五
版　　次　二〇一四年八月第一版第一次印刷
印　　数　一〇〇〇套
定　　价　一二六〇元（一函四册）

ISBN 978-7-02-010569-4

善品堂藏书

王蒙讲说

道德经

系列

人民文学出版社

线装本序

在现代、后现代的元素弥漫飞扬，网络浏览挤压阅读，微信段子取代经典，视频音频的消费冲击着文字书页，达人秀、好声音批量地制造速成明星的时候，说说古典，出出线装，翻翻几千年几百年前的言语记述，其实是正当其时，恰恰可以弥补一下如今的浮躁与浅俗。

《老子》《庄子》《红楼梦》，这是真正中华文化的奇葩，是奇葩的原义，是惊人的智慧花朵，是至今仍然生动鲜活，令人拍案惊奇的文化瑰宝。

正当人们竞争得头破血流、手忙脚乱之时，读读无为而治的众妙之门，想想治大国如烹小鲜的惊世潇洒，说说无用之大用，叙叙鲲鹏展翅，槁木死灰，庖丁解牛，大匠运斤，螳臂当车的故事，再为宝玉黛玉、归我大荒的故事洒几滴辛酸之泪，从股票、利润、级别、名位的较量中解放那么一会子，回到人性人情人的智力心灵的审视中来，岂不正是吾辈梦寐以求的吗？

王蒙的主业是小说。但是我从小爱琢磨这些老书。我的期待是越过古汉语文字训诂的关隘，尽量使用专家前贤的注疏成果，踩在人家的肩膀上，复原古书著者的活泼、体温、现实性、生动性、针对性、牛气哄哄或哀意绵绵，用王的生命，去拥抱与激活李耳、庄周、曹雪芹以至宝玉、黛玉、空空道人等的生命，与他们交流，与他们共舞，与他们共寻中华文化的天机。

然后回到线装书的文质彬彬、柔可绕指、温婉如玉、芬芳四溢的氛围中来：读书不仅是读符号，也是读实体，是主体与客体的融合，是主体与客体的互相享受，是人与书的互动互赏互赞，是古与今的豪迈对谈。幸哉，大活人王某将古代的大活人老庄雪芹引到豪华线装的古典书厅里来，让我们一起发思古之幽情，让我们一起享文化之深厚，让我们发现在别的书里、别样的装帧里不可能发现的一个新世界。

王蒙，河北南皮人，一九三四年生于北京。一九五三年创作长篇小说《青春万岁》，一九五七年因小说《组织部来了个年轻人》被错划为右派，一九六三年起在新疆生活工作十六年，一九七九年调回北京。曾任《人民文学》主编、中国作家协会副主席、文化部部长、全国政协文史和学习委员会主任，中共中央委员、全国政协常委。王蒙的写作以文学为主，兼及思想文化、社会历史和古典文学研究阐释等领域，六十多年来出版、发表作品近两千万字。

如莲的喜悦（代序）

贾平凹

这里，我仅仅是以一个读者的身份，来说一下自己阅读王蒙先生关于《老子》《庄子》系列著作的感受，下面所说的内容也是阅读时随手写下来、记下来的东西——虽然这是一些读后感，却是非常真诚的。

王蒙先生说阅读《老子》《庄子》时有一种享受，我在读王蒙先生这些著作时则有一种喜悦，用佛教的话来讲就是『如莲的喜悦』。王蒙先生是一位伟大的中国作家，在一九七八年新时期文学全国优秀短篇小说颁奖时我第一次见到了他，几十年来，我一直在仰视着他，一直高看王蒙先生，认为他是一个能『贯通』的人，这样的人是少数。读他的大量文学作品时，我就觉得他的才华不仅仅是表现在文学方面，他的能量很大，气场很大，能做很多的事情（能当部长）。现在，在高龄之时他相继写出了《老子的帮助》《庄子的享受》等一系列有关传统文化和哲学方面的书，这是一种必然。这种修养不是在他停止创作转入文化研究时形成的，而是一直存在于其创作背后。这让我想起了当年读古人散文时的情景，觉得他们写得好，但找不到根源是什么。从先秦两汉时期到明清时期的那些散文大家的全集，我基本都读过，发现诗和散文只占他们作品的极少部分，而大量的都是谈天说地的文章，因为他们贯通天地，以奇笔写出的诗和散文就显得非常出彩了，散文仅是冰山一角。王蒙先生就和他们一样。二十多年前，他提出作家学者化，这种思想当然不是要求作家都去当学者，而是强调作家要有丰富的学养——也只有学养丰富的人才能说出那样的话。以上就是我要说的第一点。

第二，《老子》和《庄子》是最难读的，难的不是文章之如何难读，而是其思想是一时难以领会的，它是随着读者的年龄和阅历的增长而逐渐被领悟的。我的体会是，《老子》和《庄子》是常读常新的，年轻时读和五十岁再读的感受是不一样的，去年读和今年读的感受也是不一样的。就好比说，人站在第一个台阶上能看见第二个和第三个台阶，却不易看见第八个或第十个台阶；一个人当科长时想着当处长，当了处长就想着当厅长，没有说一个科长一开始就想着当国家领导的。王蒙先生以他近八十岁的高龄和传奇的人生经历，写出了《老子的帮助》《庄子的享受》《庄子的快活》《庄子的奔腾》等一系列书，他是能领略老庄的真传的。这些著作是建立在他人生智慧经验基础之上的，所以说这些著作是靠得住的。

第三，人与人不同。如庄稼，麦子就是麦子，玉米就是玉米；人的区别在于能量，王蒙先生是大能量的人，大能量的人常常不可思议，我认为这些人都是上天派下来的，他的责任就是来指导芸芸众生。所谓栋梁之才，一座房子也就是那么几根柱子和一个梁子，当有了老子和庄子的时候，也就有了中国。严格地讲，王蒙先生不是在注经，而是在讲经。讲经者大都是国学的『高僧』。王羲之写出了《兰亭序》，后人都在模仿他、练习他，并且都成了大家，但各家有各家的风格。我读过南怀瑾说佛的一些书，也听过净空法师说佛，他们都是围绕佛经的大意而抒发自己生命的智慧。王蒙先生正是如此，他从自己传奇的人生经历出发，从一个伟大作家的角度讲老庄，讲得准确且生动。

第四，王蒙先生的小说和散文中的想象力特别丰富，激情充沛，潇洒自如；到了谈老庄依然思维开阔，元气淋漓，如水银泻地、泉水喷涌，令我惊叹不已。

第五，江山代有才人出。王蒙先生在高龄时期谈老子和庄子，这是必然的，也是他的使命，因为这个时代需要有人出来以另一种口吻说老庄，也可以说这个时代需要老庄以另一种面目出现。

第六，我读过一些印度哲人的书，印度这个民族为世人贡献出了许多智慧；王蒙也是这样的人，他基于《老子》和《庄子》来讲自己的智慧。所以，我在读王蒙先生这些著作时产生了这样的一个想法：王蒙先生可以不停地演讲，完全可以脱开经书讲自己的人生智慧，然后集成一书，或者平时由他的学生记录他的言论，像佛经一样开头都是『如是我闻』——能出这样一本书是多好啊！

王蒙先生的才能和能量是天生的，是不可效仿的，使我们作家同行汗颜或受启发。以我自己来讲，我的知识面太窄，阅读量太小，思考太浅；古人有一句话叫『读奇书，游名山，见伟人，以养浩然之气』，读《老子》《庄子》原著，读王蒙先生的这些著作，都是养我气息的因子啊！

（注：本文是以贾平凹先生在『王蒙与中国古典文学暨《庄子的享受》』学术研讨会上的发言修订而成。）

目录

老子的帮助

前言

年轻时已经迷上了《老子》（又名《道德经》），那时看的是任继愈教授的注译本。一个天地不仁、一个宠辱无惊、一个上善若水、一个不争故莫能与之争、一个无为、一个治大国若烹小鲜、一个生也柔弱死也坚强，就把我惊呆了。我觉得老子深不见底，我觉得他的论述虽然迷迷瞪瞪，却是耳目一新，让人大开眼界，一下子深刻从容了许多。

青春作赋，皓首穷经，这是当年黄秋耘对我说过的话。从首次接触到《老子》到现在已经历经了六十年的沧桑，而接受编辑刘景琳先生的建议做这件事，也经过了五年的考虑斟酌。我决定将《老子的帮助》一书献给读者。

老子对于我们今天的人有什么帮助呢？

第一，他带来了大部分哲学思辨、小部分宗教情怀的对于大道的追求与皈依。他的道是概念之巅、概念之母、概念之神，是世界的共同性，是世界的本原、本源、本质、本体，是世界的归宿与主干。读之心旷神怡，胸有成竹，有大依托，有大根据。

第二，他带来了一种逆向思维、另类思维乃至颠覆性思维的方法。一般人认为有为，教化，仁义，孝慈，美善，坚强，勇敢，智谋是好的，他偏偏从中看出了值得探讨的东西。一般人认为无为，讷于言，不智，愚朴，柔弱，卑下是不好的，他偏偏认为是可取的。他应属振聋发聩、语出惊人之人。你可以不认同他，却不能不思考他。

第三，他带来了『无为』这样一个命题、这样一个法宝。他提倡的是无为而无不为，是道法自然，是不争故莫能与之争，是后其身而身先，外其身而身存。他的辩证法出神入化，令人惊叹。他的透视性眼光入木三分，明察秋毫。

第四，他带来的是逻辑思维与形象思维的结合，是感悟与思辨的结合，是认识与信仰的结合，是玄妙抽象与生活经验的结合；是大智慧的无所不在，不拘一格，浑然一体，模糊恍惚。

第五，他带来了真正的处世奇术、做人奇境，以退为进，以柔克刚，以无胜有，以亏胜盈，宠辱无惊，百挠不折。

第六，他带来的是汉字所特有的表述的方法、修辞的方法、论辩的方法、取喻的方法、绕口令而又含蓄着深刻内容的为文方法。他将汉字的灵活性多义性多信息性弹性与概括性简练性发挥到了极致，他贡献给读者与后人的可以说是字字珠玑、句句格言、段段警世、页页动心、处处奇葩、自由驰骋、文如神龙巨鲸。这是汉字的真正经典，是汉字古文的天才名篇。

他帮助我们智慧、从容、镇定、抗逆、深刻、宽广、耐心、宏远、自信、有大气量、有静气与定力。以及其他。老子能够帮助我们。

本书是对《老子》八十一章的意译与证词。意译好说，我缺少训诂方面的基本功，只能知难而退，绕难而踽踽独行。我在释义上尽量借鉴专家前贤们的成果，我用得最多的是任继愈的《老子新译》、陈鼓应的《老子注释及评介》（中华书局版），我感谢他们的赠书，相信这是对我的提携与帮助。任本简明稳妥可靠；陈本集注甚全面，解释意在发掘弘扬，它解读得相当『进步』。我也读了傅佩荣的《解读老子》（线装书局版）和《诸子集成》（中华书局版）中的有关老

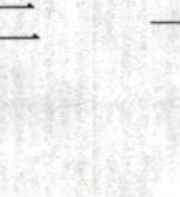

子部分。我还学习过钱锺书在《管锥编》中的有关著述。傅本清晰明洁；钱著绰约冷峭，旁敲侧击，都对我颇有教益。

此外我也参考了孟祥才评注的《老子》（中国少年儿童出版社版），他更注意将老子的经典推广普及，并及时对老子的不宜于现如今的论点进行『消毒』批判。我用的版本也是从以上各家得来，遇有几家不一时，则自行选择。

我在本书中所做的与前面诸老师不同。我是追求其大意、其整体含意，追求其前后文句中的内在联系与逻辑关系，或有郢书燕说之讥，当无见树忘林之虞。

至于李书王说，我则全不避讳，然也。干的就是这个活计。我不是老子专家，不是国学家，不是历史学家，不是文化史哲学史专家，这些都不是我的长项。稍稍长一点的是经历、阅历、风云变幻中的思考与体悟。老子提倡的是无为，我的经历是『拼命为』与『无可为』『无奈为』的结合。我能做的是用自己的人生，用我的历史体验、社会体验、政治经验、文学经验、思考历程去为老子的学说『出庭作证』。

我以我的亲见、亲闻、亲历与认真的推敲思忖为老子的『玄之又玄』『众妙之门』的理论提供一个当代中国的人证、见证、事证、论证，也许还有反证。

证词一说使我满意之极。我曾想说是理解、是心得、是发挥、是体会，都太一般化了。我七十余年的所见所闻所历所悟所泣所笑所思所感，不是可以拿出来与老子对证查证掰扯一番吗？听君一席话，胜读十年书。悟君一句话，回首七十载。老子是原告，春秋战国时期的社会政治军事个人生活尤其是当时的主流观念孔孟之道则是被告。我是法庭所找的而不是原告或被告所找的证人之一，读者是法官，请判定我的证词的价值。

我多次说过，读书的最乐在于从中发现了生活，发现了生命的体验；生活的最乐在于从中发现了类书本，发现了迄今书本上尚无的或语焉不详乃至语焉有误的新道理、新说法、新见识。

写作《老子的帮助》一书，我是何等的快乐呀！

诗曰：

老来读《老子》，其乐正无涯。
无为无挂碍，有趣有生发。
歪打或正中，深思自开花。
作证心先正，纵横非卖瓜。（谚云老王卖瓜自卖自夸也）
古今有大道，中外皆明察。
妙门需妙悟，玄德要玄遐。
远在九天上，近在你我他。
行道常喜悦，持德利万家。
知止乃厚朴，通畅便绝佳。

王蒙书于戊子春初

第一章　众妙之门

道可道，非常道。名可名，非常名。

无名，天地之始。有名，万物之母。

故常无，欲以观其妙。常有，欲以观其徼。

此两者同出而异名，同谓之玄。玄之又玄，众妙之门。

大道是不好讲述的，讲解出来的都不是那个最根本、最本质、最至上、最主导、最永恒、最深刻却也是最抽象的道，而是现象的、一时的、表面的与廉价的一般见识。

同样，那种至上的本质，也是不好称谓、不好命名即找不到最适宜的概括的。真正最高的本质概念，难以言说。我们一般可以述说、命名的东西，都是现象的、一时的、表面的与廉价的一般概念。

无或者无名——无概念、无称谓、未命名，是世界的始初状态。有或有概念、有称谓，是世界的发生状态。所以我们要常常从无、从无概念与无称谓的角度，来观察思考世界的深远、广大、神秘与奥妙。

同时可以从有、从有概念与有称谓的角度，来观察思考世界的生生不已、丰富多彩、变化万千。

无与有都来自同一个世界，同一个过程与变化，来自对于世界与过程的同样的观察与同样的思考。它们都是极抽象的终极概念，它们最接近那个最深远广大的本质概括——道，深而又深，远而又远，大而又大，变化多端，千姿百态，令人赞叹！

首先，开宗明义，老子讲的是大道。我们中国的先哲，不是致力于创造一个人格神（例如上帝耶和华）或神格人（耶稣、圣母玛利亚、释迦牟尼），不是膜拜一个物象的图腾，而是思考万物、人生、世界的根本（本质、本原、规律、道理、法则、格局、过程、道路、同一性）。

汉语与汉字的特点是重概括，重联系，重寻找同一性。既然人与人之间有共同的本质，人与天（世界）有共同的本质，如《淮南子》认定，天圆地方，所以头圆足方；天有日月，所以人有二目……那么，你应该想到，你应该相信，万物万象众生众灭，就总会有一个包罗万物万象众生众灭万代万世万有的同一的本质、规律、道理、法则、过程、道路、同一性。这个本质就是道。为了与一般的各种具体的道相区分，我们有时称之为大道。

道是看不见摸不着的，却又是规定一切主导一切决定一切的。它是本源也是归宿，它是物质也是精神，它是变化多端又是恒久如一的。它具有超越经验乃至超越一般哲学思维的、无法证明也无法证伪却又极合情理的哲思——神学品格。这样的概括令人叹服感动，虽然不无混沌模糊之处。

这样的道，是模糊推理的产物，是抽象思辨的产物，更是想象力的产物，也有信仰的果实的成分。它是中国式的概念崇拜、概念精神、概念神祇。它是神性的哲学，是哲性的神学，是神奇的概念，是概念之神。

中国人有一种聪明，他不致力于创造或者寻找人格神或神格人，因为这样的人一神，具有二律悖反的麻烦。《达·芬奇密码》中提出了耶稣的妻子抹大拉的问题。《生命中不可承受之轻》提出了圣徒是否大便的问题。中国神学不把精力放在这样未免可笑的烦琐问题上，而是对于人—神采取存而不论、敬神如神在的态度。老子等致力的是寻找世界的

本质、起源与归宿。这些无法用科学实验的方法统计学的方法见习实习解剖切片的方法获得的本质属性，是通过天才的思辨得到的。尤其是老子，他断定说，这个本质与起源归宿就是大道。

更正确地说，道就是本质与起源、归宿。你只要有本质的观念、起源与归宿的观念，你就已经有了道的观念。你怎样称呼它，称之为道或德或逻各斯（理念、理性或基督教所认定的与神同一的道）都没有关系。

而寻找本质、起源与归宿的冲动是非常平常与自然的。一个人想知道自己究竟是怎么回事，从哪里来的，到哪里去，一块石头、一粒种子、一颗天上的星星或者陨落的流星，都会引起人们追问本质、起源与归宿的兴趣。最后呢？就出现了终极关怀或者终极追寻了。

而按照老子的思路，只要有终极追寻就有道。如果你是拜火教，火就是你心目中的道；如果你是生殖器崇拜，生殖器就是你的道。

大道的魅力不在于传播它的人即老子的神灵奇迹，而在于它的无所不包无所不在无所不载的性质。它导致的不是对于人格神或神格人（圣徒、上帝的儿子或者佛陀等）或神格物（如上面所说的火、生殖器等）的崇拜，而是对于神性概念大道的崇拜与探求。这样，道这一概念的神性，就与完全的宗教区别开来了。而它的至上性、终极性、主导性、本源性与归结性，又在无限的远方趋向于宗教。它与宗教是两条通向无限的平行线，而根据微积分的原理，两条平行线趋向于相交在无限远处。

在老子提出道的问题的同时，又用同样的句式、同样的说法提出了名的问题，一个是道可道，非常道；一个是名可名，非常名，这不是偶然的。因为老子的寻道是遵循着名的系统、概念的系统、命名的系统与方式来最后体悟到、找到了大道的。他没有在异人或者圣人中寻找神祇，没有在传教者、苦行者、善行者、劝善者、灵异者或自行宣布自身已经成神成佛或至少已经与上帝通了话的人中寻找神祇，寻找世界的本源与主宰。他也没有在奇迹或者奇物中寻找神祇。他是顺名即概念、概括之藤，摸道即本源与主宰之瓜。他硬是摸出道——命名出道来了。

可以理解这样的思路，这样的思路对于国人来说，顺理成章：请看，人的命名是人。人与牛马羊猴等合起来命名为动物，再与树木花草等一起命名为生物。生物与金木水火土等无生物合起来命名为万物。与怪力乱神梦幻，与人的心、意、爱、怨，与种种人文存在等合起来命名为万有或众有。再概括一步便是有，而有的反面与有的发展结局或有的产生以前是无，是死亡、寂灭、消失、空虚……然后万物万象的有与无的相悖相通相生相克，综合起来就是大道。大道是至上的概念，是顺名摸终极的果实。这是一个思索推理概括体悟的过程，是一个智慧与想象相结合的过程，是一个相当合理的与有说服力的过程，是一个基本上防止了牵强附会与群体起哄的过程。这个过程的缺憾是比较模糊抽象，不像找到一个能成为佛的王子，或者一个本是上帝的儿子背起十字架的献身者、牺牲者那样生动直观感人。

而与这个概念道最靠近的、最最能体现这个本质概念的是另外两个同出而异名的概念：无与有。一切的有都来自无。一切的有都会变成无。一切的无都可能产生有，一切的无都会接纳有。一个人生了，他从无的王国进入了有的王国。一个人死了，他从有的王国进入了无的王国。无就是天国，无就是永恒，无就是万物的归宿。无又是有的摇篮，无是有的前期作业。一个人年岁渐老了，他从幼小与年轻的过程进入了无幼小与无青春的过程了，也就是进入了有成熟、

有老迈的过程了。

无是有的无。有是无的有。绝对的无的情况下，什么都没有了吗？什么都没有了，谁来判定这个无呢？既无主体也无客体的情况下，还有什么无的观感与解说乃至想象呢？

所以我始终不赞成对于高鹗续作《红楼梦》的批评，说他没有写出白茫茫大地真干净。如果干净到所有贾府的人、有关的人死光灭绝的程度，还有什么悲剧感呢？

无可以是有，至少有一种对于空无的感受与慨叹、思考与判断。如说一个生命个体的疾病已经无药可医，无法挽救，那就说明此人的病已经有了重要的结论、根本的判断，已经有了料理后事的必要性与紧迫性。

这是抽象的思辨，这也是智慧的享受。这需要思辨力、想象力，也需要感悟、感觉，神性的追求与信仰。

在《老子》的开头，老子还提出了一个极其超前的大问题：关于语言表达的局限性，关于语言的力不从心，关于语言的大众化、适用化、通俗化与浅薄化。用语言小打小闹可以，用语言描述深刻与超出常人理解范畴的大道、大名、玄想、众妙，就不行了。说出来的都一般。不说就更难被人理解。只能够是意在言外，只能够是尽在不言中，只能够是心照不宣，只能是得意忘言，只能依靠你的悟性、你的灵气、你的智慧、你的澄明通透的心胸、你的默默的微笑、你的缓缓摇着头的喟叹。啊，你已经靠拢于大道了。

源，对我进行西化分化，使我陷入四分五裂、万劫不复的次等国家的地步。

有价值就有伪价值，就有对于价值的炫耀，使价值成为广告、成为招牌、成为吓人或欺人之术。有虚报成绩，有大言欺世，有作状作秀，有伪君子，有伪善，有投合俗人价值需要的假冒伪劣，有假大空。

有价值就有价值纷争，还有人群分化、价值竞争，有名次，有奖项，有人工制造、人为培养的假典型假榜样。而且有不服气，有嫉妒，有抄袭剽窃，有装腔作势，有走门路跑关系欺上瞒下，有为符合某种价值需要而做的手脚——不正之风。例如评奖评级评职称，都是好事，也都有阴暗面，有秘闻丑闻。

有价值就有战争。例如宗教战争，因不同信仰、不同意识形态而发生的战争，因国家主义、民族主义直至纳粹主义的肆虐而发生的民族战争。

如此这般，老子的见解是超前的，然而也是不无某些徒劳之处的，因为人类不可能退回到无知无欲无价值观念的原始类人猿社会上去。

老子的见解对于客观地审视价值观念，在可能范围内避免价值偏执、价值霸权、价值疯狂、价值纷争，至少是一个提醒。

从对于价值的思考进展到万物万象的相对性上来了。这也是一个提醒。有光明就有黑暗，有科学就有迷信，有革命就有反革命，有前进就有倒退，有幸福就有不幸，有有神论就有无神论。怎么办呢？世界上永远没有单一的胜利、成功、快乐、光明，老子开的药方便是无为与不言。这个药方未免也太单一了，因为有无为便有有为，有不言便有立言。

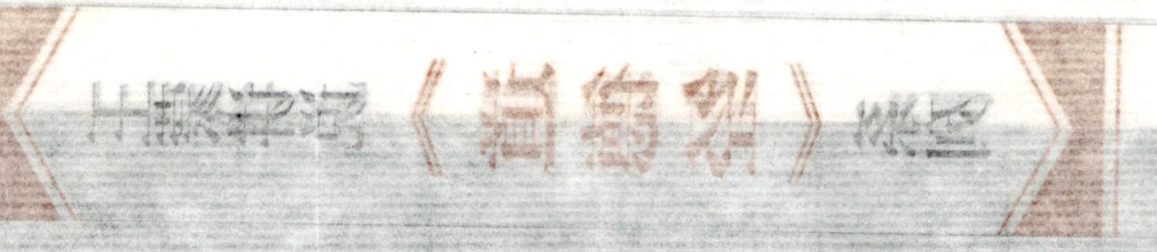

第二章 知美即恶

天下皆知美之为美，斯恶已；皆知善之为善，斯不善已。

故有无相生，难易相成，长短相形，高下相倾，音声相和，前后相随。

是以圣人处无为之事，行不言之教。万物作焉而不辞，生而不有，为而不恃，功成而弗居。夫唯弗居，是以不去。

都知道什么是美，[illegible]。因为知道了美的标准，[illegible]

什么是善，也就有了不善了。同样，[illegible]

[illegible]

意思是说，[illegible]有与无、难与易、长与短、高与下、音与声、前与后，都是相反相成、相克相生、相比较而存在、相互[illegible]

[illegible]

所以有道的人、有道之人，不做违背[illegible]的事情，不说[illegible]的话。不敢妄为而使事情自然发展。

[illegible]

并不符合大道的要求。[illegible]

定不了，求全不了，歪曲不了，遮蔽不了。

《老子》的第二章从对于价值问题的探讨，旁及一切概念的相对性，然后进入到无为而治不言之教（后面将要讲到）

连《红楼梦》都知道：假作真时真亦假，无为有处有还无。

这个药方也由于过分彻底、乃至彻底过分而无法操作。

当然在那个春秋无义战的时代，在那个你争我夺、你杀我戮、你阴谋我诡计的年代，老子更多地强调无为、不言、不始、不有、不恃、不居，这是一个匡正时弊的理想，这是一个思想家的乌托邦式的良药与凉药。

其实老子也不能不向现实俯就，他在此章归结于『夫惟弗居，是以不去』。就是说，你只有不居功自傲，你的功劳才能被众人长期承认。这样的说法客观上接近放长线钓大鱼，接近吃小亏占大便宜，接近大智若愚，接近曲线为己。它在某些人眼中，似乎在劝告世人：你不要自吹自擂，越自吹自擂越没有人买账；你要谦虚一点，然后就什么都有了。什么都有了，这是至今人们对于自己不甚服气的所谓成功者的酸溜溜的反应。

他的此言似乎在投合那些怕自己的功业被忽略、自己的追求不能达到目的的人。以老子之伟大智慧与境界高超，却要投合人们的为私的『是以不去』的考虑，这也算是鹰有时飞得和鸡一样低吧？如鲁迅所说。

有什么办法呢？你有权利追求成功，老子有权利追求他议论的说服力。他也要成功，他要告诉你，按他的办法、他的智慧，能棋看早许多步，事看深许多尺。用沉稳和谦逊去追求长远的成功，至少不像那种死乞白赖地表白自身、吹嘘自身、膨胀自身而又打击旁人的人可爱可亲许多。

老子有权考虑自己的与他的跟随者的成败，他考虑得更深远也更智慧。这里用得上我喜欢讲的一句话：智慧也是一种美，而愚笨是缺少美感的。

第三章　虚心实腹

不尚贤，使民不争；不贵难得之货，使民不为盗；不见可欲，使民心不乱。

是以圣人之治，虚其心，实其腹；弱其志，强其骨。常使民无知无欲，使夫智者不敢为也。为无为，则无不治。

不崇尚能人贤士，使人们不去争权夺利沽名钓誉。不珍爱难得的物品，使百姓不思偷盗与占有。不接触不宣扬那些适足引起欲望煽起物欲的东西，使百姓的心思不致混乱骚动。

这样，有道行的圣人执政，让老百姓思想单纯明净，温饱的需要得到满足，削弱他们的雄图大略壮志凌云，强健他们的筋骨体魄。经常让老百姓没有那么多知识信息计谋，使有计谋的人也不敢去做什么非分之事。用无为的方针治国，就不会有治不好的情况发生了。

这一章似乎比较『反动』，虽然我极喜爱老子，也无法不对它有所反弹反拨。用不着遮盖，这里边有愚民政策的公然宣扬。

首先这完全是从治理的角度提出问题的，而不怎么过多考虑民的利益与权利。用弱民愚民的方法统治，有可能取得内部的暂时平稳，但是其结果只能是国家民族种群的孱弱化。用孱弱求生存与用自强来求生存，哪个更有效呢？这是不需要回答的。

在中国，某些有政权的人其实早就接受了老子的这一套，只是他们不像接受孔子那样大肆宣扬——它不像孔子的讲说那样堂皇端正漂亮。例如闭关锁国的政策，就有这样的愚民弱民的考虑。封闭式的管理方式，也从中得到了参考。

这里需要说明的是，某些特殊情况下封闭管理是必要的，如对于戒毒病人，如某些寄宿学校、某些军事单位，甚至某些境外的VIP的俱乐部，都是封闭式管理。我并非一般地攻击封闭。

我还知道民国时期某军阀的治军理论：不能让士兵闲着，没有别的事就跑步，不能让你有工夫闹思想问题。在南非罗本岛曼德拉坐过的监狱中，我也看到了曼德拉运过来再运过去的石块。运送这些石块是毫无意义的，目的只有一个：强其骨，弱其志，实其腹，虚其心。当然，这样的监狱比让你饥饿与伤骨的囚禁地要好得多。

对于距今两三千年的古代中国的政治理论进行臧否未必是有根据的。我们也许可以将老子的这一章论述视为价值中立的理论性思辨性探讨。它是愚民政策的公然宣示，却也是愚民政策的警钟。就看你怎么读《老子》了。

横看成岭侧成峰。老子的这一章论述，具有后现代的文化批判主义色彩。知识、计谋、欲望、追求、心思、志向，所有这些被文化的发展所充实、发育起来，大大地扩充延伸起来的东西，果真就是那么美好吗？知识高的人幸福指数一定比知识少的人高吗？计谋多的人成就一定比计谋少的人大吗？为什么情况多半是相反呢？甚至于，智商到底高到什么程度对于自身与他人最合适？一个智商超高的政治家，一个能将全体人民玩弄于股掌之上的超人；一个智商超高的艺术家，一个基本上无法令同时代人理解接受的天才，能够给人民与自己带来足够的福祉吗？

再看，现代社会的许多悲剧、许多麻烦，诸如犯罪、吸毒、忧郁症、种族与宗教冲突、大规模杀伤性武器、极端主义、恐怖主义、分裂主义、专制与霸权政治、传媒控制、精神产品的批量生产与看不见的手、金钱主义与市场化……究竟是文化的发达所造成的还是不够发达所造成的呢？在欲望驱动下大大地发展文化，尤其是发展生产力，其后果到底有

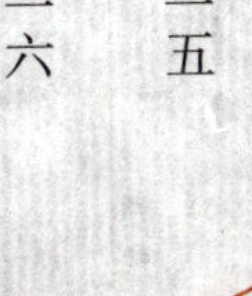

多少进步与收益，有多少自戕与损害，要不要作全方位的考虑呢？

老子的类似愚民政治的论述（后面还有许多）貌似冷酷，仍然值得面对、正视与深思。

至于虚其心，实其腹之论，有它的明显务实性。即是说你不能老是搞政治挂帅，不能老是搞意识形态挂帅，要首先关注民生。这已经被许多地方的许多事件证实了。

第四章　和光同尘

道，冲而用之或不盈。渊兮似万物之宗。

挫其锐，解其纷；和其光，同其尘，湛兮似或存。

吾不知谁之子，象帝之先。

道虽然空无所有，却怎么用也用不完。它的深远如同万物的起源与归宿，万物的根本与依据。

要磨掉它的锋芒，解除它的排他性，调整它的亮度使之柔和一些，与尘世、世俗的东西靠近。它似有似无。

我们不知道大道是由什么产生出来的，反正它的出现比上帝的出现还要靠前。

第四章讲大道的品格。尤其是强调它的两方面的特性：既是空无的、虚静的，又是取之不尽、用之不竭的。既是神妙的比上帝更本源、更抽象与更本质的，又是此岸的、人间性的、生活化的与世俗的。

大道是亲和的，是并不怎么刺激人逼迫人吓唬人的。

空、虚、冲、盅（有一说冲应为盅）都是言其虚空。正因为虚空，才用不完。一切实在的、具体的、具象的、坚硬的物件、生命、用具都是用得完或者完得很快的。例如王朝政权，是实有的、具体的与坚硬的，但是都有它的开头与结尾，都有满盈以后衰亡毁灭的过程。对于王朝政权的记忆、讨论、感叹，要抽象得多，空洞得多，也长久得多。比如金钱，是实有的、清晰的、可以计量可以触摸的，也是三用两用、三花两花就会穷尽的。但是对于财富与欲望的思考、规律与原理，就比具体的金钱抽象得多空洞得多也深远得多。

大道的特点是虚空，小道的特点是充实，大道的特点是或怎么样、似怎么样、也许怎么样与相近怎么样，都是模糊的大概的。而小道的特点是明确与肯定，是没有多少讨论的空间的。

保持虚空状态，保持冲的无限容积，保持大道的涵盖能力，保持抽象概念即『名』与『字』的优越性主动性裕足性，留有余地，绝不动辄动老本、拼老命、倾巢出动或倾囊花费，这是老子的理想。虽然不能够绝对化，但是这样努力，这样争取总是可以的。

大道之冲之虚空，是一种伟大也是一种功用。大道是万物万象的概括与本质，是一切的起源，甚至是上帝的起源，上帝也是大道的作用的结果，这样一种想象力概括力是无与伦比的。

请想想看，既然每件具体的事物都有个根源，有个本质，有个出生与灭亡，有个变化过程，那么万物万象岂能没有一个总的根源、总的概括、总的归宿？称之为道，岂不正好？道的特点是实而虚之，似有似无，它是道路、道行、自然、有与无的存在表象，是混沌的存在；又是道理、法则、能力与主导，是玄而又玄，怎么概括也够不着它，因为

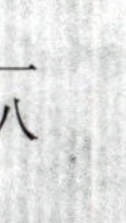

它就是无限大，无限远，无限深，无限早，无限后——它就是终极。

它又虚空（冲或盅）又渊深，它似乎是万物之宗——万物的起源与归宿。这是无法证明也无法证伪的。因为人类是有大的概念的，有深的概念的，有总括与综合的概念的。那么大到终极，大到无限，深到终极，深到无限，总括并综合到终极，总括并综合到无限，我们得到的是什么呢？有没有一个概括一切、主导一切、包容一切、恒久、奥妙无穷的东西在那里接着呢？有的，它就是道。

这其实比把这个最后的终极的概念说成是某个神祇更难以质疑，难以驳倒。因为如果是神祇，你可以用A神祇否定B神祇，用C神祇或无神祇替代A与B神祇，你却无法否定与替代无限大无限深无限远无限久的概念。要知道，连数学也承认这样的关于无限的概念。道就是无限、无量与无等（后二者是佛学的概念，但我们可以以老子的理论帮助我们去理解它），道是一切。正像无限大乘上零趋向于一切、趋向于任何数一样。

挫锐解纷和光同尘的意义在于道也是生活，是与自然而然的生活密切结合的。大道并不是凌驾于生活之上的压迫者、裁判者，更不是惩罚者。和光同尘用现在的语言来说就是贴近生活、贴近实际、贴近人众（那时候还没有大众或人民一说）、面向俗世。小有见识的人往往自以为是凌驾于众人之上，其实精英意识如果脱离了生活意识，就会自命不凡地成为形而上意识，自以为大如天宇，自视重如泰山，而视生活视百姓如草芥，也就变成凌空蹈虚，变成断线的风筝了。

真正的精英，那个时候叫做圣人，却应该是密切联系生活的：大洋若土，大雅若俗，大智若愚，大思想家若平常

人即你我。自称思想者的人整天演练思想的肌肉块、思想的健美操，而真正的学问真正的见地却普普通通，真理比谬论一般来说要朴素得多实在得多。

正如车尔尼雪夫斯基所说：美是生活（而不是凌驾于生活）；也如四明天童无际了沠和尚所讲：

佛法在你日用处。在你着衣吃饭处。在你语言酬酢处。在你行住坐卧处。在你屙屎送尿处。拟心思量便不是了也。咄，啼得血流无用处，不如缄口过残春。

真正的大道也是这样，它是生活，它是自然，它是朴素和真诚。

中国的佛学显然也受到了道家道教的影响，反对造作与夸张，反对高高在上，反对装腔作势，借以吓人，反对捶胸顿足，哭天抢地，反对摆出动辄与整个地球开战的架势，主张自自然然，平平淡淡。

这是因为，不论你对思辨与感悟有多么伟大神奇奥妙、超凡人圣的激情与骄傲，你的一切认知仍然来自生活，来自尘世，来自此岸。一切的形而上的伟大，都离不开形而下的基础。彼岸的信息再神圣，只有下载到此岸以后，才能讨论解悟。大道似有或有，这一章中用了似与或两个字两次：『或不盈。渊兮似万物之宗……湛兮似或存。』老子在此章中流露了他的唯道论的似或性、模糊性、揣度性，叫做『好像』『或许』，这样的词并不执著坚硬，并不盛气凌人，这也是必须和光同尘的依据与表现。你能够掌握的也只是大概其，你能不和光同尘，反而自我运转、自给自足而且不可一世吗？

大道是看不见摸不着的，大道又是表现出来的、下载出来的、显示出来的。大道演化出来就是生活，是日常，是

着衣吃饭，是言语酬酢，是行住坐卧，是屙屎送尿，当然也是有为与有言，有治与有欲，是尖锐与纷争，是社会与人群的熙熙攘攘。

老子的伟大与贡献，甚至还有他的幽默感，恰恰在于他从尖锐中看出了挫其锐的必要与道行，从纷争中看到解除纷争的必要与道行，从有为有欲中看出无为而治无欲而幸福的必要与道行，从熙熙攘攘中看出了空、冲、虚、盅的必要与道行，从泰山压顶的威权中看到了月盈则亏、水满则溢的结局。

在这里，你要挫隐的光可能是大道之光，你要认同的尘世是非道无道对道缺乏自觉的尘世，思想家的贡献恰恰在于从道的光辉中体认到不使这种光芒太刺眼的必要与道行。从尘世的非道、少道、道甚稀缺中认识到大道的无疑存在，大道正是在非道、无道、缺失大道中作用着与主导着，我们要善于从非道无道中学会体认大道的必要、道行、学问。

就这样，老子超越了或者是含糊了唯物论与唯心论之争，含糊了无神论与有神论之争，含糊了此岸与彼岸即人界与神界、这一辈子与死后之争。

大道是精神，也是生活。大道是物质，也是精神的最高级最深邃最辽阔的终极。既然到了终极，既然到了无限远处两条平行线都相交了，既然到了无限大处零都能够变成任何数，既然那时的零与任何数与无限大的区别都消失了，精神与物质等还有什么区别？

王蒙讲说《道德经》系列

大道是看不见摸不着的，大道又是表现出来的，一般出来的

是一生命。

第五章　天地不仁

天地不仁，以万物为刍狗。圣人不仁，以百姓为刍狗。

天地之间，其犹橐籥乎？虚而不屈，动而愈出。

多言数穷，不如守中。

天与地是不讲仁爱的，它们将万物视如草芥——草扎的祭祀用的狗，任其生灭存毁。大人物——有道行的人也是不讲仁爱的，他们视老百姓如草芥——草扎的狗，任其生死存毁。

天地之间，不就像个橐籥——羊皮风箱袋吗？空无一物却不会穷竭，越是操作，它出来的风就越多。话说多了反而容易理屈词穷，不如保守一点，保持恰当的度。

我不知道老子是怎么样写下第五章的开头两句话的。我每每读到这里，都受震动，心怦怦然。我感到的是何等的冷酷！天地不仁！圣人不仁！这更像是窦娥喊冤的戏词啊：

却为何天地清浊你不辨？
却为何人世黑白颠倒颠？
问苍天为什么纵恶欺善，
问大地为什么横遭奇冤，
地啊，不分好歹你何为地！
天哪，错勘愚贤你枉为天！

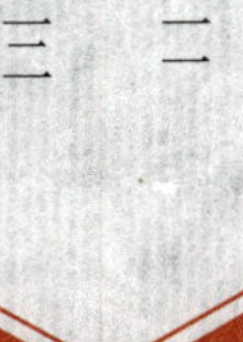

不仁是一个很重的贬词啊，不是吗？我们如果讲谁『为富不仁』，不是像在批斗恶霸地主黄世仁吗？

然而老子说的是一个真理，至少是一部分真理。天地不仁，这是对的，至少是有相当的真理性的。这是许多人许多年来不敢正视的事实。老子最明白，仁爱的另一面是厌弃、嫌恶，无仁爱也就无厌弃、无嫌恶、无偏向、无感情。对于天地，不要太自作多情了吧。如同王小波的名言，不要瞎浪漫了吧。天地生成了万物，培育了万物，造就了万物，愉悦着万物，振奋着万物，也毁灭着万物，试炼着万物，折磨着万物。天地为万物准备了盛宴也准备了毒酒，准备了庆典也准备了丧仪，准备了轰轰烈烈也准备了冷冷清清，准备了天公地道也准备了沉冤海底，准备了善良感动也准备了野蛮残忍。天地的多情其实是无情的表现，是可能多情也可能无情、可能亲爱也可能恶劣的表现。多情反被无情恼，不要再对着苍天阔地哭天抹泪、自作多情了吧。

其实类似的思考并非从老子始，《论语》里就讲了孔夫子的话：『天何言哉？四时行焉，百物生焉，天何言哉？』还有《诗经·大雅·文王》说：『上天之载，无声无臭。』《礼记·哀公问》说：『无为而物成，是天道也。』《春秋繁露·深察名号》说：『天不言，使人发其意；弗为，使人行其中。』所有这些话，意在说明天并非有意志有爱憎有目的地做什么或不做什么。

但是老子最彻底。他的一句天地不仁，给了你一个透心儿凉！于是，你看透了：天地压根儿不管你人间的爱心啊、人道啊、怜悯啊、苦难啊、救赎啊……这么多难分难解的事儿。

天地不仁，圣人不仁，这是两枚大杀伤力炸弹，多少中产、小资、白领、妙龄、诗意的玫瑰色软趴趴（读pā）一相情愿瞎浪漫的世界被它炸毁啦！

再说圣人不仁呢，就更复杂、更敏感了。

第一层意思，圣人是有道行的人，他掌握的遵循的是大道，是无为而治不言而教的道行。他不需要婆婆妈妈、妇人之仁，更不会在仁的名义下去干扰、去妨碍对于真理的认知，去干扰百姓的正常的自然而然的生活。圣人无为而无不为，不言而自教。他的不仁是最大的仁，无情是最大的情：有利于而不是有害于百姓的生活幸福自在。

第二层意思，孔夫子辛辛苦苦地讲仁，是不是讲出了一大堆矫揉造作、假仁假义、条条框框，竞相标榜、互相责备、劳民伤财、口焦舌燥呢？还不如少说假大空话，多让老百姓自自然然地过日子呢。

第三层意思，圣人是大人物，大人物做的是修身齐家治国平天下的大事，而不是我爱你、我同情你、我心疼你、我是你亲兄弟姐妹等的感情用事。圣人办大事的过程中，不是不知道要付出代价，不是不知道要奋斗就有牺牲，死人的事情常常发生，但是如果因此就心慈手软、缠缠绵绵、该出手时不出手，还算什么圣人？只能算是废物。圣人的不仁，方是大仁：这就是不仁者大仁也的解释。

第四层意思，老百姓不能指望天地的怜悯、圣人的怜悯，不能嗷嗷待哺望穿双眼地指望得到仁爱得到赏赐得到温馨得到援手。老百姓要做好一切准备，艰难困苦，忍辱负重，好自为之，自己帮助自己、自己解放自己、自己发展自己。

不靠天地，不靠圣人，这就是解放自身的开始。

老子的许多言语是教人柔弱（至少是表面上）而不是教人刚强的。然而，经过天地与圣人两个『不仁』的杀戮与洗礼，

你客观上会变得成熟些、坚强些。

认真读《老子》的人，虽然未必因了老子而坚强雄壮，却也不会因了老子而柔弱到哪里去。原因在此。

天地不仁与圣人不仁，这两句话是相当残酷的。然而通观老子，他并不凶恶，讲起战争兵法，他颇有仁义之心。那么对他的『残酷』，我称之为智慧的残酷。这与人性恶中的残酷不是一回事。

老子个人未曾做过什么残酷的事，但是他看穿了人性中的丑恶，看穿了仁义道德的无力，看穿了多言只能数穷，不管你讲出多少花朵云霞。他还看出了百姓的没有力量，圣人的没有可能过于仁慈，天地的不闻不问，仁爱有些时候的无济于事。他看出了如黑格尔所说，你想进这间房子，结果只能是进那间不同的房子。他看出了许多美善的幻想都仅仅是一相情愿。他的智慧有可能冲击了善良，冲击了（对于天地与圣人的）信念，破坏了温馨浪漫。他看出了许多人对于美善的愿望，恰恰在推动着他们做一些缘木求鱼、南辕北辙、徒劳无功、适得其反的蠢事。他看出了多少人把蠢事当做大事、好事、聪明的事、非做不可的事，得意洋洋、热火朝天地做着。他明明知道自取灭亡的人常常自以为是背起了十字架，异想天开的人自以为是在扭转乾坤，好勇斗狠的人自以为是在垂范千古。想着一步登天的人只能是滚入泥沼，也就是如西洋哲学家所讲的：由于某种走入天堂的愿望，而把自己推进地狱。

智慧对于百姓，有时是残酷的。鲁迅的许多文字中表达过这种残酷感，如在《野草·墓碣文》中：

……于浩歌狂热之际中寒；于天上看见深渊。于一切眼中看见无所有；于无所希望中得救……

……有一游魂，化为长蛇，口有毒牙。不以啮人，自啮其身，终以殒颠……

我们知道了一个说法，叫做智慧的痛苦，我们现在又体会到了智慧的严峻与残酷。

真理有时候是严峻和带几分冷酷的。我们可以再举一个更震动的例子：革命导师强调暴力革命的不可避免，这并不是因为导师本人的暴力倾向。导师本人并没有嗜暴施暴的记录，他只是把带有苦味儿的真理告诉人众。明明见到了不仁、见到了暴力、见到了愚蠢，是告诉人们这是不仁这是暴力这是愚蠢才算得上仁慈呢，还是隐瞒这一切，用美丽的童谣与儿歌的虚拟，代替对于世界的观察与思考才算仁慈呢？

仁与不仁，全在一心。

有时候貌似不仁实为大仁，但是也要警惕以此为理由而公然否定一切的仁爱、爱心。作为世界观，仁是不够用的。作为人际关系伦理关系例如中国人讲的五伦，当然没有爱心不成。

当然，老子的结论与鲁迅与革命导师根本不同，他的结论要消极得多，他的结论对于自强不息的积极有为的人生观价值观是一个补充；对于急性病、浮躁与唯意志论，对于假大空与夸夸其谈，则是一个必要的矫治；对于一个社会一个人的人生全部，却远不够用。

这样的假定根本不存在：我只读过《老子》一本书，只写过《关于老子的手下》这一本书，或者是读者只可能读这样一本书。所有关于只有一本书或只读这一本书的设想，从而引起的担忧、反感、辩驳的冲动，都是无的放矢。

这里还有一个问题值得讨论。此前，老子一直讲的是道，这一处讲到了天地，大道比天地抽象也笼统得多。天地，

是道的硬件，我想是这样。天地是硬件，才要强调它的非意志非仁爱性，它的生活性，它的自然性。老子的道有两方面的含义，从硬件上说是自然，是天地，是惚恍与混沌；从软件上说是道理，是法则，是规律，是程序，是定义，是本质与概念之神、概念之王。同时，二者都意味着无限大，都具有想象性、模糊性、似或性。

这里还有一个大问题，刍狗的含义重心何在？台湾友人、老子研究专家陈鼓应教授，将之解释为令万物自生自长。这太温柔了，这显然是陈老师的仁厚慈祥之心投射到了老子身上与书上。窃以为，刍狗的核心意义是它们的毁灭或被毁灭的结局。万物都存在着生、起、坏、灭，最后是灭。百姓的个体，最后也是死亡，是坏灭。中国少有哲学家如此郑重而又无情（即不仁）地讨论毁灭的问题。

然而，毁灭或坏灭，存在于时时刻刻，每分每秒。它与生成，与生命、生起，永远紧密相连。没有生命就不会有毁灭，反过来说，没有坏灭也就无所谓生命。如果你的存在只有永生、只有万寿无疆一种状态而没有死亡的结局，那么你的生又有什么比照、证明、彰显与意义呢？没有人死，哪儿来的人生？永生者，活了一万年和没有活过一天有什么区别？一岁与百万岁有什么区别？幸福与不幸又有什么区别？

我始终佩服印度教的教义：宇宙中有三位主神——梵天、毗湿奴和湿婆。梵天是创造万物的始祖，是创造之神；毗湿奴是宇宙的维持者，是保护之神，并能创造和降伏魔鬼；湿婆是毁灭之神，有说是第三位的主神，也有说祂（她）才是最大最重要的主神。祂是世界的破坏者，以男性生殖器为象征，变化莫测。这最后的描述颇有些幽默，却原来幽默也是通向真理的一个路径，哪怕是排在最后的一个小路曲径，所以说『曲径通幽』。幽，是幽深，是幽雅，是幽暗，是幽灵也是幽默。

完全没有幽默感的人表现了自身的心智不完全、人格不完全，当然不能很好地去接受真理、发现真理、解悟真理。

生成与毁灭，生起与坏灭，都是天地与圣人的应有之义，都是大道的体现。万物可以成为刍狗，人众（百姓中的一个个个体）可以成为刍狗，不必哭天抢地。而大道永存，虚而不屈，动而愈出。这使我们在被泼了一通冷水之后感到了安慰与澄明、从容与踏实。

把天地比喻成橐龠，别开生面。这是形象思维，也是生拉硬拽。老子惊异于风箱中吗也没有，却鼓出了无尽的大风，使炉火熊熊，使温度升高，使烂铁成钢成器。他从中悟出了无的伟力。其实橐龠那里不是无，而是空气大大的有。老子那时候还没有对于空气的认知。

古人将天地作各式比喻，多半是喻成房屋、帐篷。如苏轼的词：

醉醒醒醉，凭君会取这滋味，浓斟琥珀香浮蚁。一到愁肠，别有阳春意。　须将幕席为天地，歌前起舞花前睡。从他落魄陶陶里，犹胜醒醒，惹得闲憔悴。

苏轼的天地里充满了春意酒意睡意才子意。他是无中自有千番愁千番醉。

而《敕勒歌》里则是这样唱的：

敕勒川，阴山下。
天似穹庐，笼盖四野。
天苍苍，野茫茫，
风吹草低见牛羊。

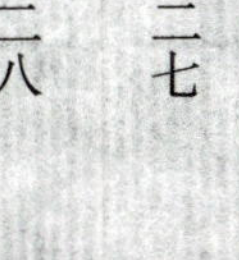

这是讲无的背景下的有，由于无的背景，才有如许苍茫。

著名的张打油则吟咏大雪后的天地说：

天地一笼统，井上黑窟窿。
黄狗身上白，白狗身上肿。

天地一笼统云云，倒有点不小心撞到老子身上的味道。笼统接近于混沌，接近于恍兮惚兮，接近于大道了。

至于把天地比作橐龠，只有老子一家。但三首诗（词）里，都有那种『虚而不屈，动而愈出』的味道。呜呼天地，多少人物在你这里生灭，多少故事在你这里始终，多少智慧在你这里光耀，多少歌哭在你这里感动！你当然不会屈、不会不出了，你如果屈了、不出了，还有什么东西能够剩下？

认识真理，尤其是力图靠近终极的真理，仅仅靠逻辑推论，靠实验与演算，靠实证的综合是不够的，也要靠形象思维，靠灵感悟性，靠假想猜测，有时候也或有生拉硬扯。橐龠的比喻是有趣味也有内涵的。虚而不屈，动而愈出，无中生有（虽然空气是原有的，风动却是『愈出』出来的），不终不竭。老子喜欢观察这种相反相成的事例，喜欢琢磨黑中之白、无中之有、败中之胜、弱中之强。他喜欢从反面琢磨道与理。

还有一个细节：任继愈的《老子绎读》的有关注解中，提到据吴澄解，古代的橐龠是由皮口袋制成的。太棒了，因为至少在新疆，农村铁匠至今仍然用着羊皮口袋做的风箱，我亲眼见过多次。有关老子的知识里，不无生活细节，

不无生活气息。

第六章 谷神玄牝

谷神不死，是谓玄牝。玄牝之门，是谓天地根。绵绵若存，用之不勤。

虚下之谷中的神魂，是长存的，是不会死的。它正像那个看不见的、最最深远巨大的子宫、母体、女性生殖器，叫做玄牝。玄牝的门户，就是天地万物产生的总源起。虽然你看不见摸不着，然而，它或似存在着，而且作用起来使用起来无尽无竭。

第六章讲的仍然是大道。正像某些宗教对于造物主的讲说：主有九十九个名称，代表主的九十九种美德。大道也有许多名称，谷神——此前没有讲过的一个称呼，便是其中的一个。谷是说它的虚下、不满、不实、不硬、不争、不往上冲、不往上冒。神，是说它的神性、精神性、灵动性、抽象性、隐蔽性和神奇的效验性。

与世界各国各地一样，古人对于生殖器尤其是女性生殖器有一种崇拜，不论多么伟大的生命，都结精或结晶在这里，产生在这里，孕育在这里，准备在这里。它当然具有大道的属性。虚下若谷，绵绵若存，用之不勤（尽）便是它的美德之一斑。中国的生殖崇拜没有变成普及的图腾拜物（少数民族中有类似的图腾），而是成为概念神——道——大道的形象代言者。这很高妙。

在风箱的动而愈出后边，紧接着是玄牝的比喻，天地之根的形容，恐非偶然。动而愈出的说法与玄牝的说法，不无联想与联系，这也很自然。《易经》上讲『阴阳交合，物之方始。阴阳分离，物之方终』。其思路与老子之说相近。研究哲学乃至神学的人，无不重视对于性、对于男女之事、对于人的生命的起始的观察与思考，并从中得到启示。天地根的说法甚至可以使人想起阳性生殖器，这可能并非妄言。这也是道不可与生活分离的例证。

通过这最简短的一章，老子表达了他对于生命的赞美，对于母性阴性的赞美，对于道的赞美。《易》曰：『天地之大德曰生。』显然，老子接受了《周易》的这个观点。《周易》不愧是中华文明之源。

第七章 无私成私

天长地久。天地所以能长且久者，以其不自生，故能长生。是以圣人后其身而身先，外其身而身存。非以其无私邪？故能成其私。

说是天长地久，为什么天能长地能久呢？因为天与地都并不在意自己的存在，不认为自己属于自己所有，不为自身做任何事情。不关心自己的生存，就能生存长久了。不那么全神贯注于自身的生存，反而能长久地生存了。圣人后退不争先，反而能走到前边。把自身置之度外，反而能保护自己（与自己的权益）的存在。不认为自己能够得到什么，反而能确实有所得到。有道行的人是不为自己的私利打算的，所以能成就他自身的私利。

不同的境界对此会有不同的解读。第七章的中心是无己无私。你可以仅仅将无私作为手段，作为形象工程，以无私为表象，以成私为目的。然而，狐狸的尾巴是难以久远藏住的，你的伪装的结果可能是一时的得计与渐渐败露与最终失败。

而如果你有足够的境界、足够的理念、胸怀与信心，那么成不成其私根本不是需要你计较的问题，你总是有更高明一层的思想与关怀，你总是有更深远一层的见识与思考，你总是有更前瞻一步的规划与希望，你总是有更优越的见识、风度与成就。至于你的个人私利，即使你还做不到百分之百地置之度外，也完全能做到一笑置之，听其自然，无可无不可，而把精神头脑用在真正的事业、真正的大道的追求上。

老子有什么『私』可资夸耀？当了几年图书管理员，骑着青牛出了函谷关，成为鲁迅《故事新编》中不无滑稽的角色之一。但是他的《老子》又名《道德经》一书流传千古，他还有什么私，欲成而未成呢？

老子的这一段话可以视为忠言。他的话的反面解释便是，如果你太在意自身，如果你一心自我经营，如果你老是往前抢，锱铢必较，反而你什么也得不到。有时，你越是经营自身，完蛋得就越快。你的私心越重，越是时时事事为自身着想，越是成为笑柄，暴露丑态，也就越是什么都做不成。

这一段话是最好懂、最不奥妙却也最难做到的。熙熙攘攘，大千世界，各种蝇营狗苟的事我们看得还少吗？跑官的，跑财的，跑关系的，炒作不已的，洋相百出的，辛辛苦苦的，徒劳无功的，轻举妄动的，用东北话来说嘚嘚瑟瑟的，适得其反的，我们还见得少吗？还需要举例子吗？

连一个体育比赛，一个运动游戏也是如此。如果你竞争的私心发展到吃兴奋剂的程度，下场会如何呢？如果你私心杂念过重，那么你在比赛中必定失常，必然输掉。相反，如果你目光高远，心态平衡，才是最佳状态。

有心栽花花不活，无心插柳柳成荫，原因就在于，太有意在意刻意经意为己营私，跑闹叫跳，私心就变成了杂念，

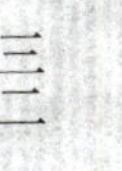

动作就会变形，言语就会走板，态度就会失常，发挥就会受损，见解就会偏执，心态就会不安，你会变得唠叨、狭隘、神神经经、咋咋呼呼、鼠目寸光、小肚鸡肠、小人常戚戚、鬼鬼祟祟、气呼呼、恶狠狠……最后只能是孤家寡人，贻笑大方，一事无成，留下笑柄。

本章无私故能成其私，也可以歪批《道德经》，作一个调侃解。老子本来无私，他强调的是无私才有可能成就一二事情，才能不像一些蠢材那样一事无成。这样，他的无私，便成了他的有私的证据，据此可以罗织出老子最私最狡猾最精于算计过于聪明的罪状。

就以此章为例，老子是从天长地久说起的。天地所以能长且久者，以其不自生，故能长生。他师天法地，告诉人们不要太自我经营，太一心为己，太追求长生。他认为天地之所以能够长久、长生，正因为天地并不为自身打算。他接着劝导世人要向圣人学习，以圣人为榜样，把自己放得靠后一点，放得远一点、边缘一点、靠外一点，所有这些你都忘掉了，只记住了他说了身存身先成其私。

老子讲的是大道，但是他也提到了具有长远眼光的利益选择、利益判断，何者才是长远利益。你读了一遍，大喜。看啊，老子也与我一样地为自身打算，考虑私利……你呀你！

读《红楼梦》也有这样读的，读来读去只读到了几句不雅的黄话，乃断定《红楼梦》与他一样的黄。

第八章　上善若水

上善若水。水善利万物而不争，处众人之所恶，故几于道。

居善地，心善渊，与善仁，言善信，政善治，事善能，动善时。

夫惟不争，故无尤。

最好的状态是水的状态，最好的品德是水的品德。水善于给万物以好处，却不争取自身的利益。它不拒绝待在别人不愿意待的地方，所以接近大道。

它总是待在最适宜的地方（给自己的定位恰到好处），它的心胸深远阔大，它的交往和善亲切，它说话诚信可靠，它为政为得良好、做事做得成功、行动符合时宜。

由于它不争夺什么，不与谁发生争执，也就不会有什么过错或被埋怨。

第八章讲的上善若水，是一句名言，也是一句美言，它家喻户晓，朗朗上口。一个上，一个善，一个若，又一个水，立刻产生美感，虽然你一时不容易弄清它的含义，然而它确实脍炙人口。这说明含义是重要的，解读是必要的，但不是唯一的。感觉也是同样的重要，直观、审美与声韵，修辞与造句，或者用古人的说法叫炼字与炼句，也同样可能给人以愉悦与启示。

水本身给人的印象极好。它有利于万物，为生命所不可或缺。它滋润万物，提供生机，提供生长，提供灵动。它晶莹干净，为一切洗涤清洁所必需。它流动适应，充满生机动感。它映射天空大地，自己却无色透明。它容纳一切，

对万物一视同仁。它构成风景，美丽纯洁……上善若水，这样美丽的精彩绝伦的话语，真不知道老子是怎么想出来的。

上善为什么若水？若水的什么？怎么个若水法？怎么样学习它的那个若水法？老子都没有细讲，仅四个字，给了你想象与解读的空间。这也是老子俭啬主张之体现吧，无声胜有声，少言胜多言。

同时他讲了居善地：就是说水能够很好地给自己定位，不往上跑，而是往低处走，叫做人往下走，眼睛向下。心善渊：水有广阔的心胸，有很好的容受性，有容乃大，切莫狭隘封闭，鼠肚鸡肠。与善仁：就是说做到与人为善而不是与人为恶，不是一脑门子官司，老看着旁人欠他一百吊钱。水滋润万物，而不毁坏什么。当然有破坏性的水害，但是那种水害的能量来自外力：风力、月球的吸引力、由于过分蓄积而造成的势能等，并不是水要害人。言善信：说的是水说到做到，声响到流到，并无虚夸，从不欺世盗名。政（正）善治：水能满足干渴，满足群体的需要，能推动水车，能做到一些需要它做的东西，它有自己的规律和章法，有自己的稳定性规律性与可持续性。这样为政，就不会扰民害民，就不会忽左忽右，强横霸道。事善能：水有水的多方面的能力、能量，冲流，浮载，灌溉，洗涤，溶解，调节，等等，从不失职。动善时：到了一定的高度，受到了一定的推动或者吸引，该启动就启动，不会轻举妄动，也不会麻木不仁。这里的关键是它给自己的定位从低，它不争夺竞争，它从不自出心裁，它永无过失。

这样解释完了仍觉未能尽意。还是引用一些歌颂水的美景美德的诗句与名言吧：

子在川上曰，逝者如斯夫，不舍昼夜。（《论语·子贡》）

仁者乐山，智者乐水。（《论语·雍也》）

水的流动是时间的形象代言，水的流动是智慧的象征。水在告诉我们一些更大更根本的东西。愿我们的知性永远像水一样灵动清明，永不干涸。

沧浪之水清兮，可以濯我缨。沧浪之水浊兮，可以濯我足。（屈原）

清而不矜，浊而不恶，掬之可用，源源不绝。

问渠哪得清如许，为有源头活水来。（朱熹）

道就是最大的源头活水！道永远清如许！

君不见黄河之水天上来，奔流到海不复回。（李白）

无边落木萧萧下，不尽长江滚滚来。（杜甫）

金涛澎湃，掀起万丈狂澜，浊流宛转，结成九曲连环。（光未然）

桃花流水杳然去，别有天地非人间。（李白）

月光如水照缁衣。（鲁迅）

上善若水，月光如水。上善可如月光？清幽明澈，润泽大地，而且有一种柔性。所以是：

随风潜入夜，润物细无声。（杜甫）

风乍起，吹皱一池春水。（冯延巳）

与『春江水暖鸭先知』（苏轼）一道，告诉我们，水最知春、乐生、有大愉悦焉！

流水落花春去也，天上人间。（李煜）

水也惜春。春亦惜水乎？

……这些言说，都比逐字逐句的解释更好，这也是『道可道，非常道』的证明。上善若水者，常道也，非可尽道也，保持对于水的诗性感觉比详加解说更善，更若水。

从这一章里我们还可以得到一个启发，老子在第二章里已经对美呀善呀提出了质疑，但是此节里讲了那么多善字。可见，善的价值老子仍然是承认的，不论作善良、和善、善心、善意讲，还是作以为然——称善讲，或者作善于、善为、善舞、善贾讲即作为副词讲，或者作擅长讲，都是一种正面的价值标准。

第九章　功遂身退

持而盈之，不如其已；揣而锐之，不可长保；金玉满堂，莫之能守；富贵而骄，自遗其咎。

功遂身退，天之道也。

抱在怀里，满满当当？不如就此罢休、放下。锋芒毕露，尖锐刺人？不可能长久保持锐利的。金玉满堂，光芒四射？你守护得住吗（总要慢慢地走失嘛）？财大气粗，由于富贵荣华而傲气冲天，你这是自找毛病，自找倒霉。

事情做成了，成功了，也就该急流勇退了，这才合乎天道呀。

第九章的中心是讲物极必反，毋为已甚，急流勇退，见好就收。这样的道理在我国已经成为常识，说法很多，做

到的却很少很少。

这一章应该说是最少争议的。传说孔子撰述的《尚书》中已经提出了『满招损，谦受益』的济世良言。直至社会主义的中国，毛泽东讲『虚心使人进步，骄傲使人落后』。孔子、孟子都用水作正面的形象说事。而盈、锐、满、骄，也不见有人不承认它们是四害。

《红楼梦》里秦可卿临死前托梦王熙凤，就讲了这样一番道理：

> 常言『月满则亏，水满则溢』，又道是『登高必跌重』。如今我们家赫赫扬扬，已将百载，一日倘或乐极悲生，若应了那句『树倒猢狲散』的俗语，岂不虚称了一世的诗书旧族了！

又说：

> 否极泰来，荣辱自古周而复始，岂人力能可保常的？

早在老子的时代，春秋后期或者战国早期，老子已经看够了多少盈、锐、满、骄的个人或者势力，包括政权『其兴也勃焉，其亡也忽焉』，就是说一个王朝有时起得也快，垮得也快。而垮的原因，恰恰就埋伏在它起时兴盛时看好时的盈、锐、满、骄之中。

《史记》里记述了太多的盈、锐、满、骄直至灭亡的故事。众所周知的项羽、韩信不说了，《范雎蔡泽列传》中的蔡泽，司马迁其实没有怎么写他的丰功伟绩，而是专门写了一段他怎么样说服范雎功遂身退。蔡泽是这样说的：

> 今主之亲忠臣不忘旧故不若孝公、悼王、句践，而君之功绩爱信亲幸又不若商君、吴起、大夫种，然而君之禄位贵盛，私家之富过于三子，而身不退者，恐患之甚于三子，窃为君危之。语曰『日中则移，月满则亏』。物盛则衰，天地之常数也。进退盈缩，与时变化，圣人之常道也。……今君之怨已雠而德已报，意欲至矣，而无变计，窃为君不取也。

多么有趣，日中则移，月盈则亏，水满则溢，虽然具体说法略有不同，其基本精神却是从谋臣蔡泽到老子，再到清代小说《红楼梦》中宁国府的美人秦可卿少奶奶的共识。而功遂身退，或者用一个更加通俗的说法叫做急流勇退，更是为人所称道。苏轼有《赠善相程杰》诗曰：

> 火色上腾虽有数，急流勇退岂无人。

不退，老在火上腾腾腾，好吗？

而明朝冯梦龙在《警世通言》卷三十一中的说法是：

> 官人宜急流勇退，为山林娱老之计。

著名的单弦牌子曲《风雨归舟》就是专门写『卸职入深山，闷来时抚琴饮酒』之乐的。都爱听，都不爱这样做。

那么许多人为什么有此认识却无此行动，即做不到急流勇退，直至自取灭亡呢？蔡泽也有个说法：

> 且夫翠、鹄、犀、象，其处势非不远死也，而所以死者，惑于饵也。苏秦、智伯之智，非不足以辟辱远死也，而所以死者，惑于贪利不止也。是以圣人制礼节欲，取于民有度，使之以时，用之有止，故志不溢，行不骄，常与道俱而不失，故天下承而不绝。昔者齐桓公九合诸侯，一匡天下……吴王夫差兵无敌于天下……遂以杀身亡国……此皆乘至盛而不返道理，不居卑退处俭约之患也。

他讲得好，是贪欲和诱饵使人类或鸟类退不下来，是至盛的处境使人热昏，拒绝退下。蔡泽的论述洋洋洒洒，旁征博引，高屋建瓴，后边还举了商鞅、白起、吴起、大夫种的例子，都是该退不退，终致杀身之祸。其实这更像是司马迁的议论——借题发挥，而不大可能完全是蔡泽的原话。

《史记》通过蔡泽之口，从理论上论道：

易曰『亢龙有悔』，此言上而不能下，信而不能诎，往而不能自返者也。

原来这里已经提出了『能上能下』的富有当代性的命题。而蔡泽的『上而能下、信而能诎，往而能返』的主张，颇似老子的真传。

当然客观分析起来，当退不退的原因也与体制有关，与选择的可能性是否存在有关，并与人的结构素质有关。一个人如果除了一种职业一种身份一种语言以外其他什么都不懂，他还能退个什么劲儿呢？我就听到一位参加革命多年的老朋友退休（离休）前的讲话，他说，我自少年时代参加革命，从来没有离开过革命的队伍呀……他已经声泪俱下了。

或有学者讨论，功遂而身退中的退字，并不意味着退休退出，而叫做避位而去，而是指的敛藏、不张扬膨胀。这样的解释虽然灵活，却可能为恋栈者留下了借口。什么叫身退，一般人都掰扯得分明，不再深入讨论，不受学问的迷惑也许更好。

这里还有一个说法，叫做功遂身退是天道。这也可以用蔡泽的话来说明，日中则移，月满则亏，都是天道。类似的事例多了去了：夏尽秋来，夜长破晓，斗转星移，阴晴寒暑，无不一一向着对立的方面转化。呜呼，天若有情天亦老，人间正道是沧桑！纵使千年铁门槛，终须一个土馒头！退步抽身的道理讲了几千年，又有几个做到了呢？

同时，世界上的道理、大道并非只有一个方面，只有一种言说表述的方式，并非没有悖论至少是与之相反相成互悖互补的论存在，就是说也有堂堂正正的『反身退』的道理：其中一个说法就是『鞠躬尽瘁，死而后已』，自有其感人处。虽然感人，却未必明智。你是死而后了，尽了瘁了与『已』了，事业呢？国家呢？百姓呢？对他们是有好处还是没有好处呢？

第十章　如婴儿乎

载营魄抱一，能无离乎？专气致柔，能如婴儿乎？涤除玄览，能无疵乎？爱民治国，能无为乎？天门开阖，能为雌乎？明白四达，能无知乎？生之，畜之。

（生而不有，为而不恃，长而不宰，是谓玄德。）

你的灵魂，你的精神，能不能永远与大道在一起，而不分离、不撒手呢？你集中自己的注意，使自身温柔和善，能不能像一个婴儿那样呢？你经常洗涤你的头脑与心胸，能不能做到干干净净、无瑕无疵呢？你又爱百姓又要治理好国家，你做得到不矫揉造作、不苛刻烦琐、不主观武断、不强迫命令，而是无为而治、听其自然吗？你的各种器官运转开阖，你的所思所感起起伏伏，你能不能做得到平静沉着从容呢？你既然那样明白事理、信息通达，能不能少用或不用什么智谋，而自然地做事为政做人呢？

他讲得好，是贪欲和诱惑使人类退不下来，是至盛的处境使人热衷，推不退而不退。蔡泽的论述详尽而透，令

近则蔡泽，高层事务，引述还举了商鞅、白起、吴起、大夫种的例子，都是功成不退，终致杀身之祸。其实这更像是司马迁的议论——借题发挥，而不大可能完全是蔡泽的原话。

《史记》通过蔡泽之口，从理论上论道：

易曰『亢龙有悔』，此言上而不能下，信而不能诎，往而不能自返者也。

原来这里已经提出了『能上能下』的富有当代性的命题。而蔡泽的『上而能下、信而能诎、往而能返』的主张，颇似老子的真传。

当然客观分析起来，当退不退的原因也与体制有关，与选择的可能性是否存在有关，与人的结构素质有关。一个人如果除了一种职业、一种身份、一种语言以外其他什么都不懂，他还能退个什么劲儿呢？我就听到一位参加革命多年的老朋友退休（离休）前的讲话，他说，我自少年时代参加革命，从来没有离开过革命的队伍呀……他已经声泪俱下了。

或有学者讨论，功遂而身退中的退，并不意味着退出，而是指的收敛、不张扬、谦让。这样的解释虽然灵活，却可能为恋栈者留下了借口。什么叫身退，一般人都讲得分明，不再深入讨论，不要学问的迷惑也许更好。

这里还有一个说法，叫做功遂身退是天道。这也可以用蔡泽的话来说明，日中则移，月满则亏，都是天象天道。类似的事例多了去了：夏尽秋来，夜尽晓到，斗转星移，阴晴寒暑，无不一一向着对立的方面转化。呜呼，天若有情

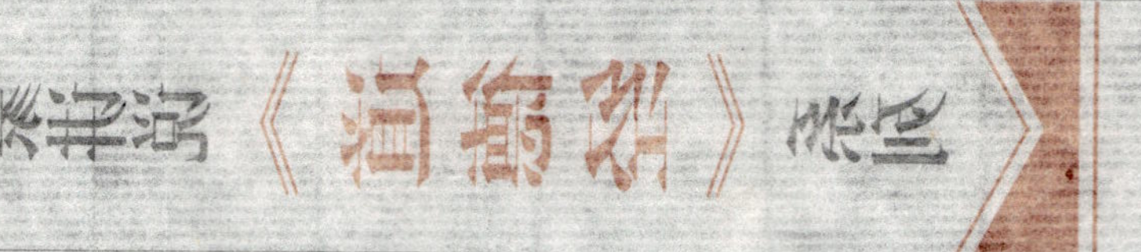

天亦老，人间正道是沧桑！纵使千年铁门槛，终须一个土馒头！道德的道理讲了几千年，又有几个做到了呢？

同时，世界上的道理、大道并非只有一个方面，只有一种言说表述的方式，并非没有看似至少是与之相反相成互补的论述存在。就是说也有堂堂正正的『不身退』的道理：其中一个说法就是『鞠躬尽瘁，死而后已』，自有其感人处。虽然感人，却未必明智。你是死而后已了，尽了瘁了『已』了，事业呢？国家呢？百姓呢？对他们是有好处还是没有好处呢？

第十章 如婴儿乎

载营魄抱一，能无离乎？专气致柔，能如婴儿乎？涤除玄览，能无疵乎？爱民治国，能无为乎？天门开阖，能为雌乎？明白四达，能无知乎？生之、畜之。

（生而不有，为而不恃，长而不宰，是谓玄德。）

你的灵魂、你的精神，能不能永远与大道在一起，而不分离、不撇开呢？你集中自己的注意，使自身温柔和善，能不能像一个婴儿那样呢？你经常洗涤你的头脑与心灵，能不能做到干干净净、无瑕无疵呢？你又爱百姓又要治理国家，你做得到不需要揉搓作为、不苦心孤诣、不主观武断、不强迫命令，而是无为而治，顺其自然吗？你的各种器官感觉开阖，你的所思所感起伏变化，你能不能做到平静沉着从容呢？你既然明白事理、信息通达，能不能少用或不用什么智谋，而自自然然地做事为政做人呢？

（『生而不有……是谓玄德』句，与第五十一章结语重复。依陈鼓应转依马叙伦说，将之移至第五十一章再论。）

第十章全部是用提问的方式来展开自己的论述的。这里带有一种不确定性与呼吁性、祈使性。这是一种理念，这是一个高标准，这是一个请求。这是如美国黑人领袖马丁·路德·金的说法：『我有一个梦。』能做得到吗？能不能做到呢？你为什么不这样努力呢？何不更符合大道一点，更大气和雍容一点呢？

抱着唯一的大道，不离不弃这样的大道，坚守这样的大道，忍受得住各种眼皮子底下的利益的诱惑与宵小的骚扰，经受得了历史与人生的种种试炼，这是第一位的要求与忠告。这就是说，任你千变万化，我有一定之规，这就是静气、定力、涵养、明辨，这是修身做人的大功夫。

致柔与守雌为雌，含义接近。这与西方世界对于绅士的理解也是一致的。绅士gentleman，意译是文雅的（男）人，硬译则是轻柔的人。我二十世纪八十年代接触一些欧洲的绅士的时候，他们给我的最深最强烈的印象，是他们细声细气，有时候像是低声下气，与中国人的大丈夫的豪气不同，与许多美国中西部的农家子弟也不同。你查《牛津英汉词典》，它对gentle一词的解释是和善的、友善的、温柔的与轻轻的。这与老子的要求一致，然而英语中的gentle的含义在于文明礼貌举止，老子的出发点则深广得多，那是在于大道，在于哲学，在于做人和行政以及做一切事。

如婴儿的含义还有待进一步考量。人这么老大了，一大把年纪了，还细细柔柔地像是个婴儿，婴儿纯洁，婴儿无心，婴儿是弱者弱势，婴儿是毫无侵略性扩张性的，婴儿不争不计较不吹嘘不炒作不经营不假大空与假冒伪劣。原来老子认为，在人的成长过程中，在人的学习与积累经验的过程中，失去了许多原生的优秀与自然而然的符合大道的东西。

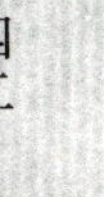

这倒像是我在半个多世纪前写的《组织部来了个年轻人》中的表述了，一个人『经验要丰富，心地要单纯』。这带点乌托邦，是婴儿兼大道的乌托邦。

涤除玄览（鉴），这使人立即想起孔子的『三省吾身』，想起道家与佛家的静坐、打坐，想起气功，想起所谓的『闭门思过』，想起『心似平原走马，易放难收』的教导，也想起基督教的忏悔、洗礼，甚至也想起弗洛伊德式的心理治疗。心灵深处像是一面大镜子——玄鉴，各种的影像、有害信息与四面八方的灰尘都会使之不那么清明，不那么灵敏，不那么公正。你的镜子可能变脏，变得不平，变成哈哈镜，更可能变得越来越模糊和不准确。

这里有一点心功的意思了。如果不夸张使之练功化、功夫化、走火入魔化的话，这种自我的心理清洁，倒是一个有益于身心的功课。我希望每个人每周至少有一次，练练心功，涤除一下玄鉴，清洗一下贪欲、烦恼、杂念、恶念、焦虑、紧张，这可以通过静坐、通过太极（拳或剑）、通过书画音乐来进行，也不妨通过重读《老子》来完成。

这里有一个问题，电脑的数据库有存储与记忆的功能，也必须有删除、备份、压缩与再彻底删除直至重新格式化的功能。如果电脑的功能是只进不出，数据早晚会因存储过多而完蛋。何况还会有电脑病毒，如果不经常进行杀毒软件的升级与对于各种病毒的扫描清除，电脑也会被病毒击败作废。人心何尝不如此！对人心进行适当的清泄、洗涤、扫描与删除，是不可少的。

例如，一个人是记仇清晰、眼里不搀沙子、睚眦必报好，还是不计小过、有『完』有『了』、对旧账宜粗不宜细好呢？睚眦必报，语出《史记》对于韩信的描写。韩信的下场不能不说明，睚眦必报是一个不恰当的选择。

爱国治民，应该无为，这是针对统治者说的。春秋战国时代，诸侯君王们争雄称霸，励精图治，富国强兵，变法求效，合纵连横，是有一番作为的。但同时急于求成、急功近利、好大喜功、扰民害民、阴差阳错的事儿也确实不少。老子总结了这些行政上的经验，提出了无为而治的理念，应该说是很具有突破性的。它使人耳目一新，而且老子的这些想法里无疑有反对苛政暴政、运动百姓、瞎指挥的含义。

对于今天的人众，也许我们应该问：升官发财、追名逐利、欲望获得、奖项彩头、排名先后、酒色财气，能无为乎？能自制乎？能知止乎（儒学也讲知止而后有定啊）？能做一个脱离了，至少是减少了一些低级趣味的人乎？少一点低级就多一点高雅，少一点野蛮就多一点文明，少一点为私利的活动就多一点学问和成就。事情就是这样。

天门，从陈鼓应教授说可释为感官。人的各种感觉神经系统每日每时都受到外界的刺激，都不停止地运动与反应，但同时我们应该有个主心骨，有个承受力，有个自我调节和平衡的能力与机制。尤其在一个竞争激烈、节奏加快、变动幅度越来越大的时代，能够使自己处于一种相对虚静的状态，是值得努力的。

天门，也不妨解释为环境，即外界的各种机关，耳目、门户、窗口，外界对于你的观察、评价、反应。我们说的隔墙有耳，我们说的天知、地知，都含有这样的意思，同样也可以说得通。

有一种说法，是说现在许多事情还不完善，还有待于争取与奋斗，如果现在就提倡虚静平和中庸，那就是妄想拉住历史的脚步，不利于实现时代的使命。我想这是一种误解，精神状态尤其是自我修养的问题，与一个人的历史任务、作为与奋斗，这不是一个平台上的概念。毋宁说，一个境界与修养上比较沉得住气、比较从容总冷静自如的人，才有

可能面对与正确处理现实的复杂的难题、尖锐的挑战、繁重的任务，乃至严峻的斗争。只有用冷静应答火热，用平和应答激烈，用从容应答急切，用稳重应答煽情，才有可能做一些有用处有作为的事。如果由于时代的浮躁我们自己便都愈加浮躁起来，如果由于别人急赤白脸你也火冒三丈起来，如果由于遇事紧急你也惊慌失措起来，如果由于问题严重你也愁眉苦脸起来，事情还有什么希望呢？只能是情绪化、冲动化、一筹莫展化，乱喊乱叫，盲动胡闹，胡搅蛮缠……把各种事务搞得更糟。

至于不用智谋少用智谋的问题，我们的民族的智者早已懂得大智若愚的道理，懂得『邦有道则智，邦无道则愚』的道理。智谋如同财产，你有一百万，平常情况下，需要流水进出的，不过是一小部分。不是说有了百万家产，一进超市就必须全部花掉；你有一定的权力，也不是说你一天就要运用掉权力的全部；你有许多武器，并非一出手就要把十八般兵器全部用上。毋宁说，你用出来的手段越少就越好。一句话能解决的不必说两句话，一比画就能解决的不必动真格的，两毛钱买得到的东西何必花十块钱？一个鸡蛋就够用的蛋白质需求不必吃二斤鸡蛋。这本来就是常识。

然而老子看多了人们的智谋滥用，与兵力滥用、资源滥用、人力滥用、时间滥用一样都是不可取的，都是属于自掘坟墓自找苦吃的行为。过度的滥用只能降低诚信，减少公信力，引起不必要的警惕，事倍功半，累死自己，气死自己。

我就见过这样的人，一个弼马温的身份，一个暴发户的来历，已经足以使之如醉如狂，神经大发，话痨、会痨、辩痨、权痨，三魂出窍，七魄生烟，遇事一肚子气，个个欠他一百吊银子，越是拔份儿越是顿足恨自己没有更高的地位、金钱与权力，怎么摆怎么不合适。这真是难得的反面教材呀！

老子的主张：抱一（稳定）、致柔（谦和）、涤除（纯净）、爱民、治国、无为（善治）、为雌（平静）、明白、无知，这是针对特定的病症的一剂良药。应该说这服药剂，偏重于清泻，去虚火积食。它有一定效力，但并非包治百病。对于虚寒之症、垂危之症，还要有补剂。对于抑郁之症，还要吃一点兴奋剂。

第十一章 无之为用

三十辐共一毂，当其无，有车之用。埏埴以为器，当其无，有器之用。凿户牖以为室，当其无，有室之用。

故有之以为利，无之以为用。

三十根辐条构建成一个轮子，轴瓦与车轴之间，是留有空隙的。有了空隙，轮子才能转动，车辆才有车辆的用处。和泥炮制做成器具，由于器具有自己的空无（空间），才能使用。开门凿窗做成房舍（疑指洞穴、窑洞式的房舍，否则不应该说开凿而应该说建造），由于室内并无堆积占据，门窗都是留下了空隙的，才能当做房舍使用。

这就是说，万物万事，有了有，才有了依凭，有了方位，有了握持的便利。同时，因为预留了空间，预留了缝隙，留下了不确定性，留下了余地，就是说预留了空无，它才有发挥使用运用发展的可能。

第十一章开始谈有与无的关系。《老子》的第一章讲了道，并马上讲到了有与无。第二章讲了道高于价值。第三章讲了道的虚无与永恒。第四章讲了道的品格。第五章讲了道的下载即道的硬件天地与师法天地的圣人。第六章讲了道的另一个名称：谷神，而它的功能与玄牝相似。第七章再讲天地与如何法天地。第八章再讲道的另一个形象与品质：

上善若水。第九章讲到盈、锐、满、骄等的背道而驰、功遂身退的天道。这是《老子》中首次出现天道的词儿，是把道与天联系起来，如同讲计算机主机的运算程序。道是计算机的原理、基本程序、动力与启动，而『天』是主机。至于盈、锐、满、骄则是破坏计算机软硬件的四大自毁程序或原生次生病毒。第十章讲人应该怎么样去得道修道行道，讲的是道与人。

第十一章讲的则是有与无，这是道的原理方面的核心。犹如计算机运算的基本符号：1与0。尤其是关于『无』即『0』的伟大作用的论述，是老子的一大发现。万物万事都必须留有空间，留有余地，留有不确定性，留有未完成性，留有空白，也就是留下无。房子的构建靠地基、墙壁、屋顶、门窗。房子的使用价值则很大程度上取决于使用面积或体积，也就是取决于它的空间即无的体积、面积。轮子的运转需要空隙。器物的盛装需要容量，容量也是空间——无，而不是实物。

中国人绘画讲究留白，作文要求含蓄，读文不但要读字与行，即『有』的部分，还要读字里行间，即『无』的部分。政策不但要看它规定了什么，管住了什么，更要看它留下了多大的发挥个人与集团的积极性的空间，有哪些东西它是不限制不禁止的。市场经济之一般优于计划经济，是因为它留下了更多的『无』，靠价值规律，靠『无形的手』去掌握而不是靠行政意志与计划。

一个会说话会做事的人，人们不仅观察他或她说了什么做了什么，还要研究他或她没有说什么没有做什么。二十世纪五十年代宋庆龄副主席访问印度，尼赫鲁总理致辞说：『夫人，许多年来我们注意着您说了什么，做了什么，没有说什么，没有做什么……』这话讲得实在是妙极了。

王弼评说《道德经》系列

第十一章 无之为用

三十辐共一毂，当其无，有车之用。埏埴以为器，当其无，有器之用。凿户牖以为室，当其无，有室之用。

故有之以为利，无之以为用。

有时候我觉得无是最高境界的有，是最最美妙的有，是得其神韵的有。一个人没有最高的头衔，例如孔子，却实际上起着万世师表的作用，不是更伟大吗？设想一下，如果孔子当了鲁国的宰相，如果孔子有过商鞅、吴起、李斯、管仲、苏秦、张仪式的职位与辛劳，他还能有今天的地位吗？有了实际事物的充实与疲劳，有了现实主义的妥协与因应，你将失去多少理想主义的美丽！再如邓小平，他的无最高头衔身份，正是他对自身的威信、权力、经验、魄力、把握性与正确性的最高级的自信的结果与表现。而越是一个没有把握、没有足够的货色和『活儿』的人，越是计较自己的名位，离了名位一天都不能活，这样的例子还少吗？

为什么我们评价一个人，宁愿等到他身后，等到盖棺之后再来论定？这也是因为无，要求无：他已经不在人间，评价中更少利益考量，更少顾虑畏惧，也更少意气偏见。没有现实的非正常因素干扰你，你的评价更接近真实可信了，更站得住脚了。

老子对于无的阐述教给了我们考虑问题的减法，即无了至少是少了私心杂念，才有澄明清晰。无了意气用事，才有客观公正。无了鸡毛蒜皮，才有正经成就。无了啰啰嗦嗦，才有见识境界。无了少了蝇营狗苟，才有真正的人物。无了怨天尤人，才有勇猛精进。无了卑躬屈膝，才有堂堂正正。

而那些卑微，那些低下，那些愚蠢，那些笑柄，那些倒行逆施，不恰恰是一心占有，一心争夺，一味计较，一味抠搜的『有』个没完的结果吗？他们的恶言恶行，与其是说由于少了什么无了什么，不如说是，恰恰是有了太多不该有的神经兮兮、吹牛冒泡、私欲膨胀，患了多动症吗？

让我们想想那些以『无』造的词吧：无量，无限，无界，无私，无欲，无畏，无疑，无惊，无虑，无愧，无悔，无求，无尤，无（挂）碍，无尽，无等觉（佛教名词，韩国光州的无等山即因此而命名）。这些词都有正面的含义和耐人寻味的内涵。另外如无常，无定，无知，无缘，无味，无觉……则虽有中性或负面意思与某种宿命感，仍然给人哲理玄思的启示。

无，常常是有的前提。有，也常常是无的后续结果或者无的变形。有备无患。有恃无恐。无心插柳柳成荫，有心栽花花不发。战无不胜。天下无敌。无懈可击。无所不在。无所不能。永垂不朽。万无一失。忍无可忍，是可忍孰不可忍？邦有道则智，邦无道则愚；其智可及也，其愚不可及也。这最后的两句话是孔子说的，他说：『宁武子这人，国家太平时，就聪明；国家混乱时，就愚笨。他的聪明可以学得来，他的愚笨别人学不来。』有的译成：国家混乱了他就装糊涂。我以为不一定是装糊涂，装糊涂成了表演艺术了。问题是一个人具有合乎大道的本性，邦一无道，他还真的傻了，一条见解也说不清楚，一点策略也搞不出来，既没有灵气，也没有高招，这种本能本性的合于大道是连孔子也学不到的。

从上述的这些成语、熟语中，我们可以探讨出许多『有之以为利，无之以为用』的道理。

再说，无了以阶级斗争为纲，才有以经济建设为中心。无了教条崇拜，才有与时俱进。无了虎狼之心，才有了心存善良。无了患得患失，才有了宠辱无惊。无了愚昧迷信，才有了科学理性。无了自吹自擂，才有实事求是。无了惊惧焦虑，才有心理健康。有所不为，也就是无为的起码条件，才有了格调与尊严；而无所不为，什么都干，我们说的

要什么有什么，就很可悲了。

我早就体会到了什么叫好人、什么叫坏人。好人就是有所不为的人。坏人就是无所不为的人。有所不为的人比无所不为的人少一点装备武器。坏人造谣，好人不能造谣；坏人整天打小报告，好人不能也去打这种类型的报告；坏人招多招奇招狠招毒，而好人只有一个武器：大道。最后还是好人取胜的机会多。如老子此后所说，『天道无亲，常与善人。』

第十二章　五色目盲

五色令人目盲；五音令人耳聋；五味令人口爽；驰骋畋猎，令人心发狂；难得之货，令人行妨。

是以圣人为腹不为目，故去彼取此。

五颜六色的刺激令人眼花缭乱，它是伤目的。无奇不有的声响叫人耳聋，它是伤耳——听觉的。山珍海味，吃得人上火逆呕，它是伤口腔与肠胃的。游戏娱乐骑马射猎叫人兴奋如狂，难以自控，它是伤心（精神与专注）的。珍宝豪华，奢侈商品，诱惑你去做出不良的乃至违法的罪过，它是坏事的。

所以有道行的人考虑的是自己的内在实际需要，而不是无限的对于身外之物的贪欲渴求。

每当读到这一段话，都难以相信这是两千五六百年前的文字，它太适宜于如今的消费主义、高科技时代、全球化时代、生产力如脱缰的马一样地迅猛冲向前的时代了。高度的发展与设施使人们失去了大自然，失去了地气、阳光与

风，失却了对于季节与天象变幻的感觉。精美的食物弱化着消化能力，剥夺着天然的味道，制造了越来越多的高血压、糖尿病、脂肪肝与肥胖症。而各种有害信息，导致犯罪的诱惑，也正使当今有识之士担忧而且痛苦。当然还有老子所无法预料到的其他难题：环境、能源、武器、外层空间的争夺……在欢呼人类文明的巨大进展、欢呼人们的生存与享受达到了前所未有的高度与改善的可能的时候，我们不能不清醒地反思我们在造什么孽，我们的发展究竟是在提高人们的生活质量与文明程度还是相反？

老子的这一段话具有济世危言、救世危言、警世危言、骇世危言的性质。是时候了，该对消费主义、欲望驱动、非科学的发展主义、敛财主义、金钱至上、以富为价值标准的各种疯狂与哄闹作一个清理与检讨了。

当然，老子的那个时候，生产的发展、生活消费品的供应与占有是远远不能与现在比的，但是当时的那些王公贵族、名将名相、富商大贾的骄奢淫逸，想来也已经非常突出。什么酒池肉林，什么动辄赏赐千金，都够刺激的。

这里同时有一个问题，从历史上看，中国的道学（包括儒家与别的家）又有长期地轻视人的基本愿望、基本需求的倾向，有一种残酷地压制人的欲望尤其是男女的性欲望的传统，用各种令人发指的手段与理论使情欲非法化、罪恶化。我们不能不看到，中华民族的多数人口，长期处于饥寒交迫之中，中华民族吃饱了肚子并没有几年。我们的民族在满足自身的基本需要方面，处境实在是太可怜了。

中国历史上存在着另一种情况，统治者骄奢淫逸，却反过来伪善地去要求饥饿半饥饿状态的民众禁欲和勒紧裤带。把正当的欲望当做罪恶，制造压抑和变态，例如要求女子守节。我们的以『五四』为代表为发端的启蒙运动中，包括

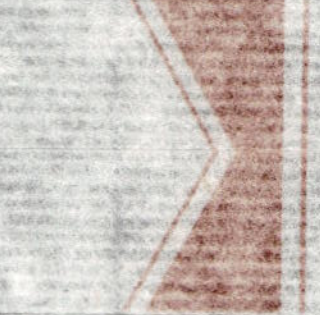

五色令人目盲，五音令人耳聋，五味令人口爽，驰骋畋猎，令人心发狂，难得之货，令人行妨。

是以圣人为腹不为目，故去彼取此。

第十二章 五色目盲

了维护自己的生存权，维护自己的正当欲望，并使之得到满足的诉求，这同样是重要的，对于中国是一大进步，是翻天覆地的变化。

发展生产力，解放对于人的禁锢，满足人民的基本需要，小康需要与进一步殷实的需要，同时注意在发展与欲望的满足过程中产生的新问题新麻烦，这些东西缺一不可，也不能使之互相对立起来。正如印度『圣雄』甘地的名言：自然能够满足人的需要，却不能满足人的贪欲。能懂得自己的正当需求与贪得无厌的区别，这就有点做人的功夫与底线了。

发展是硬道理。我们着眼于发展，这是为的整体上说贫穷落后的中华民族；从个人来说，财富与地位的发展就绝对不是硬道理，不是唯一的。我们更应该关心消费的适可而止，学问与精神境界的精进，道德与人格的完美，对于群体的奉献，对于真理——大道的追求。而五色五味驰骋畋猎难得之货这些感官的享受，确实是不过尔尔，对于奢靡享受范畴的新奇淫巧，确实应该抱清醒警惕与适当批判的态度。

第十三章 宠辱无惊

宠辱若惊，贵大患若身。

何谓宠辱若惊？宠为下，得之若惊，失之若惊，是谓宠辱若惊。

何谓贵大患若身？吾所以有大患者，为吾有身；及吾无身，吾有何患？

故贵以身为天下，若可寄天下；爱以身为天下，若可托天下。

遇到好事或者坏事，受到抬举或者侮辱，人都会很受刺激很激动。为什么呢？毛病就出在太看重自身上了。

什么叫蒙受到了光荣或者羞耻的刺激了呢？争宠受宠之心本来就不高尚，得到光荣了，一惊一乍；失却光荣了，又是一惊一乍，这就叫宠辱若惊。

那么什么叫大患若身呢？我们所以有那么多不自在，那么多患得患失，就因为太在意自身。如果没有自身的私利考量，还能有什么不安、烦恼直至歇斯底里？

所以说，你如果能够像在意自身一样地在意天下，如果你能将自身奉献给天下，就可以把天下交给你负责交给你管了。你要是能够像爱护自身一样地爱护天下，把自爱的心情开阔为爱天下，也就可以将天下委托给你照料了。

第十三章提出了天下、吾身、宠辱、寄托（天下）等范畴，也颇有新意与耐咀嚼处。

宠辱若惊还是宠辱无惊，这是一个激动人心的话题。

羞恶之心人皆有之，谁能甘于受辱？『士可杀不可辱』，语出《礼记》：『儒有可亲而不可劫也，可近而不可迫也，可杀而不可辱也。』

但同时，宠辱无惊，这已经成为国人的一个精神境界与修炼的指标了。一个叫做刀枪不入，一个叫做宠辱无惊，这就是所谓『金刚不坏之身』，既是武侠的也是士人的理想。

问题要看是什么事，如果是外敌入侵，如果是面对大是大非的考验，那就要讲可杀不可辱了。偏偏在我们内部，在我们的日常生活中，在我们的人际交往特别是社会生活中，每天都有无数的小小的却也是令人困惑的宠辱，有各种了解自己的生存权，维护自己的正当欲望，并使之得到满足的要求，这同样是重要的，对于中国是一大进步，是历天翻地覆的变化。

发展生产力，解放对于人的禁锢，满足人民的基本需要、小康需要与进一步发展的需要，同时注意发展与欲望的满足过程中产生的新问题新麻烦，这些东西缺一不可，也不能将之互相对立起来。正如印度『圣雄』甘地的名言，自然能够满足人的需要，但不能满足人的贪欲。能懂得自己的正当需求与贪得无厌的区别，这就有点看人的功夫与境界了。

发展是硬道理，我们着眼于发展，这是从大的整体上说的，指的是整个中华民族。从个人来说，财富与地位的发展也绝不是硬道理，不是唯一的。我们更应该关心消费的适可而止，学问与精神境界的精进，道德与人格的完美，对于群体的奉献，对于真理——大道的追求。而五色五味驰骋畋猎难得之货这些感官的享受，确实是不过尔尔，对于备受宠辱的痛苦与折磨，确实应该提倡清醒的与超脱的态度。

第十三章　宠辱无惊

宠辱若惊，贵大患若身。

何谓宠辱若惊？宠为下，得之若惊，失之若惊，是谓宠辱若惊。

何谓贵大患若身？吾所以有大患者，为吾有身，及吾无身，吾有何患？

故贵以身为天下，若可寄天下；爱以身为天下，若可托天下。

遇到好事或者坏事，受到褒奖或者侮辱，人都会很受刺激很激动。为什么呢？毛病就出在太看重自身上了。

什么叫宠辱若惊呢？光荣或者羞耻都刺激了你，争宠受辱之心本来就不高尚，得到光荣了，一荣一辱，失却光荣了，又是一荣一辱，这就叫宠辱若惊。

那么什么叫大患若身呢？我们所以有那么多不自在，那么多患得患失，就因为太在意自身。如果没有自身的私利考量，还能有什么不安，有什么值得忧虑的呢？

所以说，你如果能够像在意自身一样地在意天下，如果你能将自身奉献给天下，就可以把天下交给你负责交给你管了。你要是能够像爱护自身一样地爱护天下，把自爱的心情开阔为爱天下，也就可以将天下委托给你照料了。

第十三章提出了天下、吾身、宠辱、寄托（天下）等范畴，也颇有新意与耐咀嚼处。

宠辱若惊还是宠辱无惊，这是一个感动人心的话题。

宠辱之心人皆有之，谁能甘于受辱？「士可杀不可辱」，语出《礼记》：「儒有可亲而不可劫也，可近而不可迫也，可杀而不可辱也。」

但同时，宠辱无惊，这已经成为国人的一个精神境界与修养的指标了。一个叫做刀枪不入，一个叫做宠辱无惊，这就是所谓「金刚不坏之身」，既是先秦的也是士人的理想。

问题要看是什么事，如果是坏人坏事，如果是面对大是大非的考验，那就要讲可杀不可辱了。偏偏在我们内部，在我们的日常生活中，在我们的人际交往特别是社会生活中，每天都有无数的小小的动心也是令人困惑的宠辱，有各种身外之物的令人高兴与不高兴、合理与不合理。

对于某些小心眼儿的人，座位的排列、发言的先后、文字的版面、老板的眼神、一句话的说法、一个小道消息的传来，都会带给你或宠或辱，或惊或怒或狂。

这与我们的生活方式、历史条件与价值观念有关。我们自身的宠辱有时候太多地依赖于外界对你的态度与评价，依赖于一些无聊的细节。而对于外界的态度与评价，你不可能要求它太有准头，人们对它不应该期望过高。某些历史的过程中，一宠一辱，座上客与阶下囚的距离只有一厘米、一瞬间。祸福吉凶，瞬息万变。有时没等你弄明白，宠就发生了，或者辱就扣下来了。你还是你，而一宠一辱，一誉一毁，相距何止十万八千里？你自己也闹不清楚到底是怎么了。

外人也罢，某个集团势力也罢，社会也罢，世界也罢，对你的反应，往往不是按照你的真实情况而是按照他们的想象与需要，他们对你的想象与他们的需要恰恰一致了，于是铺天盖地之荣之誉会在一个早上自天而降。同样，如果你的表现恰恰不能满足他们的想象与需要，再加上俗人难免的嫉妒啦谗言啦，以及你不能不正视的个人确有的缺失等因素的影响，于是外界对你的反应会瞬间一落千丈，荣极易变为辱，誉极易变为毁。

外界的镜头可能放大，可能缩小，可能变形，可能扭曲。可能是毁誉无定、荣辱无端，也可能是事出有因、查无实据。谁让你自己不可能做到绝对的百分之百的无懈可击呢？如果再一惊一乍，你还活不活了呢？

人们没有太多的办法丝毫不为这一宠一辱或一辱一宠所刺激。

比如我，七十多年的大起大落、众说纷纭、知音误解、恩恩怨怨，想起来足够喝一壶的。我从十几岁读《老子》，

特别佩服这个关于宠与辱的论断，关于人之大患在有吾身的论断，恨不得自己能够做到宠辱无惊，能够置吾身于度外，但是做不到。做不到也还要背诵这段言论，越做不到，越对老子的有关论述赞美叹服向往不已。

我多么希望自己能够做到永远快乐、永远镇定、永远坚强、永远稳如泰山啊。

然而不是的，我会感到晦气，我会感到恐惧，我会感到莫名其妙，我会感到哭笑不得，我会焦虑、失眠、愤愤不平。

人都是喜宠惧辱的，都是求荣避耻的。做不到也罢，知道一个老子，知道一个宠辱无惊，知道有个人之大患在有吾身的说法，好。知道与压根儿不知道这样的理念，是不同的。有一个这样的标杆，与完全没有标杆，是不同的。我会想方设法去理解已经发生和仍然可能发生的一切，我会以宠辱无惊作为自己的修养目标、心理调节目标。我会从一惊大惊转变到少惊，最后终于做到基本无惊，这个过程很少超过四十八小时或七十二小时。我对老子的宠辱无惊的提法十分入迷，做不到也要努力做，努力去接近这样的目标。

积七十年之经验，深知把宠辱若惊说成是由于『大患若身』，理论上很有说服力，实际操作上太难办。这个理论这个提法过于彻底了，太彻底了反而脱离了生活与实际。人只要活着，就不可能那样彻底。谁能从根本上灭绝了吾身呢？要没有吾身了，岂止是宠辱，吃喝拉撒睡、油盐酱醋茶的问题都不存在了。

身的存在与被关注是一个客观事实，耶稣上十字架之所以感人，因为他的肉身承受了太多的痛苦。江姐之受酷刑而坚贞不屈，也因为有她的肉身的承担格外令人肃然起敬。及无吾身，既没有壮烈也没有苟且，既没有叛徒也没有英雄了。这在活着与没有失却知觉的情况下很难做到。

拜了。这在活着与没有失去知觉的情况下很难做到。

而要求不同，也因为有肉身的存在而令人烦恼焦虑。反求诸身，既没有单位也没有领导，既没有张罗也没有其

身的存在也被关注是一个客观事实，耶稣十字架之所以感人，因为他的肉身承受了太多的痛苦。但所以当我们

要没有肉身了，当上帝好了，说到拉撒路，上帝复活的问题都不存在了。

这个悬念存在的问题了，大脑都忘了只有活着才能这样。人只要活着，就不可能那样超脱，能够从根本上取消宠辱吗？

既为十年之深渊，深的东西都说无所谓是由于"大患若身"。那么出路有没有说明呢？我承认有大患存在。这个理论

对于个人来说，做不到也要努力做，努力去达到这样的目标。

宠大辱就要随之而来，最后终于做到基本无惊。这个过程往往不是四十八小时或七十二小时。我对老子的宠辱无惊的理

会就是对我这样在理解与实践中不断摸索与生活中的一切，我会以宠辱无惊作为自己的修养目标、心理调节目标。我会从一

吾身的说法，好。但是我也还不知道这样的理念，是不同的。有一个这样的标杆，比完全没有标杆，是不同的。我

人都是喜欢宠而不喜欢辱的，都是求荣避辱的。做不到说是，知道一个老子，知道一个宠辱无惊，知道有个人之大患在有

然而不是的，我会感到屈辱，我会感到愤怒，我会感到莫名其妙，我会感到哭笑不得，我会焦虑、失眠、愤愤不平。

我多么希望自己能够做到永远宠辱不惊、永远淡定、永远镇静、永远稳如泰山啊。

但是做不到。做不到也还要背诵这段话语，做不到，对于老子的有关论述我更是向往不已。

特别阐述这个关于宠辱的命题，关于人之大患在有吾身的命题，使不能自己就能做到宠辱无惊，能够置吾身于度外。

以古我，七十多年的大起大落，众说纷纭，既有说好、更有说恶，想起来足够感慨一辈子的。我从十几岁读《老子》，

人们没有太多的办法主宰或不去决定一宠一辱或一荣一辱的降临。

就是你自己不可能做到你的百分之百的无可挑剔吧？如果再一宠一辱，你还活不活了呢？

外界的事实可能很大，可能很小，可能变形，可能扭曲，可能是毫无来由、莫名其妙，也可能是事出有因、查无实据。

因素的影响，于是外界对你的反应会瞬间一落千丈，荣誉可能变成耻辱，赞誉可能变成毁谤。

你的表现恰恰不能满足他们的想象与需要，再加上各人难免的嫉妒与猜疑的作用，以及你不能不正视的个人确有的缺失等

想象与需要，他们对你的想象与他们的需要恰恰一致了，于是铺天盖地之宠之誉会在一个早上自天而降。同样，如果

个人也罢，某个集团也罢，社会也罢，世界也罢，对你的反应，往往不是按照你的真实情况而是按照他们的

或者是撤出不来了。你还是你，而一宠一辱，一誉一毁，其距离何止十万八千里。你自己也搞不清楚是怎么了。

堕中，一宠一辱，实际上你当下的距离只有一厘米，一瞬间。说福说祸，翻云覆雨，有时候是你都来不及明白，就被打入了。

与此一些人对你的好恶，而对于外界的态度与评价，你不可能要求它太有准头，人们对它不应该期望过高。某些历史的过

这与我们的生活方式、历史条件与价值观念有关。我们自身的素质有时候太多地依赖于外界对你的态度与评价，致

使得荣辱界限过于敏感，过于计较。

对于某些小心眼儿的人，座位的排列、发言的先后、文字的版面、节目的顺序、一句话的语气、一个小道消息的传来，

身外之物的令人满意与不满意、合理与不合理

那么怎么样才能宠辱少惊一点？第一，要把个人得失看得淡一点，及无吾身虽然难以做到，及淡一点吾身，不要死盯着个人，心里装点大事正事，至少分散一下那点为自己打的算盘，这是不难做到的。这也是人格的一个理想，叫做大大减少自己的那点低级趣味。第二，要有远见，看到宠辱之后还会有转机，有发展变化，三十年河东三十年河西。第三，要有眼光，要知道宠过分了，会起客观上的辱的效果；而辱过分了，结果只能给你加分。第四，最最主要的要有对自己的信心。这就不是完全的『无吾身』，而是『壮吾神』『悦吾心』。宠辱是外界加给你的，精神境界与精神能力则只决定于自己，它们只属于你。只要自己不垮，谁也无法从精神上摧垮你，除非是肉体消灭，谁也不能把你怎么样。

人们能做的是从长计议与从大处计议。一时的荣辱，事后观察起来也许相当可笑；一时的顺利或挫折，从远处一看也许适为相反。你的滔滔不绝，你的连升三级，你的连连获利，也许正埋伏着巨大的危机险峻，也许正在送你下十八层地狱。至少，你的侥幸得宠（包括老板的宠、群体的宠或媒体的宠），很容易成为他人与历史的笑料。

如老子前面说的，『后其身而身先，外其身而身存。』是那么个意思，虽然做不到绝对百分之百。

至少在不顺利的时候，在受辱的时候，你应该保持沉稳，你应该保持干净。你应该保持自我控制，你完全可能由于成功的自我控制而终于堂堂正正，站稳脚跟。

即使你受到了不公正的对待，你应该有信心战胜宵小，感动他人。你应该有信心铩羽后还会展翅，有所作为。你应该有信心自得其乐，人莫予毒，照样明朗健康快乐有为。你应该无所求，无欲则刚。老子的观点则是无欲而柔，不骂阵，不叫板，不掰扯，必要时接招玩两下，与辱及毁偶做游戏（切记，只能以游戏视之）——其实最好是恕不奉陪。

对荣与誉，不妨一笑，更好的选择则是及时忘记，忘得越快越好。

如此，也就没有谁能伤害你侮辱你。

从某种意义上来说，辱其实都是自取其辱。你斤斤计较，你追求利益，你攀龙附凤，你辛辛苦苦，你有所期待，你做梦求签，一旦未成，自有失落丢人耻辱之感。而如果你品德高尚，智慧超人，对于看不中的一切根本不放在眼里，就是说你更看不中那些不足挂齿、心理疾患的宵小……有所不为，不求，不屑，不齿，不嬲；如果你对个人得失只不过微微一笑，眉毛一扬，眼皮一眨，虫虫虫飞，一阵小风无影无踪——又有什么可惊的呢？

还有一种自取其辱，就是由于自己的失言，由于自己的强不知以为知，由于自己的说话做事留下了空隙，你出了一回洋相。这种情况下，越早明白越早调适妥善越好。《论语》上讲得何等好啊，子贡曰：『君子之过也，如日月之食焉。过也，人皆见之；更也，人皆仰之。』过错为众人所见，改正为众人所景仰。

有些问题上，儒家与道家殊途而同归，同归于中华文化这棵大树、老树上。

说到底最能伤害自己的正是自己的那个宠辱若惊，那个大患在身。你硬是无惊了，豁达了，不放到眼里了，宵小们也就没戏了。他们能够做到的不过是贻笑大方。

因宠而惊就更是幼稚与浅薄。惊了就不得体，惊了就发高烧，惊了就降低智商，惊了就少了冷静、周密、精确与气度，惊了就得罪人，就坏事，往反面走。

把爱身提升到、扩展到爱天下，这是中国式的思维方法。修身齐家治国平天下，从来就是联系到一起的。叫做推

己及人，叫做民胞物与，叫做提升精神，叫做开阔心胸。

这一段反映了老子思想的灵活性与回旋性。他一上来已经讲了：『吾所以有大患者，为吾有身；及吾无身，吾有何患？』他似是在提倡不要有吾身，吾身乃是各种患得患失的根源。但最后，他却归结为『贵以身为天下，若可寄天下。爱以身为天下，若可托天下』。那么就不是及无吾身，而是怎样去扩大身的内涵，统一身与天下，以天下为己任，以天下为贵为爱如身，爱天下贵天下如身。这样，及吾有身，就不是一个消极的思路，而是一个积极的扩展。

这里的寄天下、托天下的说法，值得注意。这与天授王权或者真龙天子的观念不完全相同：第一，成为天下的主事人是有条件的，不是无条件的，条件就是贵以身为天下，爱以身为天下，就是确实献身天下或者比献身更高，因为已经分不开天下与自身的区别了，已经身为天下，天下在吾身了。而不是为一己的私利，单纯的一己私利早已不复存在了。第二，不是天生，不是龙种，不是神赐，而是寄之托之，这甚至于有一点代议、代行、受权、授权的意味，虽然这样的观念不完整也不可能完整清晰，更不可能早已现代化。

我们阅读和讨论老子，目的不是为了回到老子的主张和时代，而是为了从老子中发掘我们民族的精神资源，寻找我们的智慧遗产，为了今天，为了明天，为了未来。

宠辱无惊也好，无吾身则无患也好，都是有条件、有针对性的。如果抽空其具体内容，专门强辩，老子之论站不住的地方还多着呢。宠辱无惊，外敌侮辱你，你无所谓吗？患在有身，那就只有自杀求道了。或可一笑，实为无聊。

第十四章　夷希微混

视之不见，名曰夷。听之不闻，名曰希。搏之不得，名曰微。

此三者不可致诘，故混而为一。

其上不皦，其下不昧，绳绳兮不可名，复归于无物。是谓无状之状，无物之象，是谓惚恍。

迎之不见其首，随之不见其后。执古之道，以御今之有。能知古始，是谓道纪。

看也看不见，这就称做夷。听也听不到，这就称做希。摸也摸不着，这就称做微。

这三方面的特色，无法寻根究底，无法求真求实，只能混合在一道模糊着来一揽子感受。

它的上面并不明亮，它的下面并不昏暗，你追逐着它揣度着它却无法把它表述命名，体悟的结果只能是将它归结为无物无象无形无声。也就是说，它是无物之物，无形状之形状，这就叫做惚恍——模糊与变动，不确定与超越有无。

正面迎着它，你看不见它的头。后面追随它，你看不到它的尾。你如果能掌握古来的大道来处理当今的一切，就能了解古来的大道是怎么样开始运行作用，是怎么样初始化的，也就是进入了大道的运转过程了。

夷、希、微、惚恍、无头无尾、无开端无结束，这里又是讲大道的特性与品格了。像一些宗教的造物主具有众多的美名与美德一样，祂的每一个名称都代表一种美德。同样在老子这里，到现在为止，他已经告诉我们了有关道的众多品质和说法：不可道，不可名，始，母，妙，徼，玄，不言，无为，弗居，冲，渊，湛，虚，动，中，谷神，玄牝，绵绵，若水，无尤，抱一，致柔，婴儿，无疵，为雌，无智，玄德，无，有，利，用……

现在又加上了夷、希、微、惚恍与无头无尾，所有这些强调的都是大道的模糊性、混成性、抽象性、本质性、无限性与非具象性，还有灵动性、活性、非僵硬性、终极性、至上性、普泛性，甚至于也有实用性。

同时，这一段落的意思是让你细心体察、深入感悟、活跃你的想象力、思辨力、感受能力，调动精神的敏锐、专注与恭谨小心，进入境界，交通大道，同时不要心浮气躁、急于求成、过于实用主义。

其上不皦，其下不昧，上面不亮，下边不暗，这是指道的非局限性。任何一个东西都有它的阳面阴面、向光面背光面、前面（向着受众的那一面）后面……但是大道没有，因为大道突破了任何具体物体物质的局限性。

这些论述也带有修辞学上的强调重复与逻辑学上的同义反复的意思。逻辑学上一般指同义反复是一种无意义的论证，但是在修辞学上，这种强调重复却表达着一种精神，一种赞美，一种礼赞，一种服膺。

我甚至于可以设想老子李耳大师在运用汉字时，找到了这样繁多的讲说大道的词儿，他老人家应该有一种兴奋的心情。这可以叫做『道与语词的联姻』，是『道与语词的狂喜联欢』。经验所难以到达的大道，终于通过汉语的富有想象力抽象力概括力与描绘力形象性的词语，令人狂喜地表达出来了。

如果不是牵强附会的话，那么这种夷、希、微、惚恍的描述还真与宇宙发生学沾点边，有点给人以联想：关于星云，关于恒星爆炸，关于黑洞，关于空间与时间的无穷大。

当然，老子的道论与物理学与自然科学无关，老子举的一些与自然有关的例子如水如风如牝如草木的例子，科学含量都极其稀缺。老子的长项是他的思辨能力，是他的逆向思维能力，是他的远见，是他的执著于大道的激情加冷峻。

他的同义反复是一种激情的表达，也是大道的魅力的表现。古代的中国人同样需要有终极眷注、终极追寻。但是对老子这样的智者，他找到的不是人格神或神格人，不是玉皇大帝也不是阎王爷与灶王爷，不是牝也不是火的图腾，而是无所不包、无所不能、无所不成、无往而不利的大道。

那么强调大道的无形无声无痕无迹无物，可以认为是突出它的本质性、概括性、灵动性、至上性，避免它的庸俗化、偏执化、简易化与具体化。可以广阔是避免它的邪教化。一具体化了就会变成仁爱呀、谦逊呀、聪明呀、礼貌呀……为人处世层面或举止层面的东西，这种为人处世举止方面的要求极易流于作伪或至少是形式主义，流为计谋与处世奇术，反而丧失了大道的恢弘与渊博品质。或者具体化后变为迷信，变为方术，变为牵强附会，如迷于练某种功夫、气功，迷于咒语、迷于服药等。

学道，不能学得太琐碎太具体，而要学其精微，学其夷希，这也是我爱讲的大道无术的意思吧。

第十五章　微妙玄通

古之善为士者，微妙玄通，深不可识。

夫惟不可识，故强为之容：豫兮若冬涉川，犹兮若畏四邻，俨兮其若客，涣兮其若凌释，敦兮其若朴，旷兮其若谷，混兮其若浊。

孰能浊以止？静之徐清。孰能安以久？动之徐生。保此道者不欲盈。夫惟不盈，故能蔽不（而）新成。

从前那些好好学道和实行道的人，精微、智慧、深刻、明白。

（另一种版本，是『古之善为道者』。从含义上说，『善为道者』清楚准确，直奔主题。从行文上说，老子一直是从各个不同的角度，对道进行立体的描绘与发挥，这次从『善为士』的角度，即从学道悟道得道为士的角度说事，是可取的。如果这里是讲『士』，其『善为』仍然是指他们对于『道』的体悟与精研。因此，两种版本的释义，应无大区别。）

由于他们的深度，他们大道的深奥与境界是不容易为旁人所体察认知的。

正因为不易体察，所以更要勉为其难地予以形容：得道的人是一些什么样的人呢？他们小心翼翼地，像是冬季渡过河流。他们慎重谦和，像是顾虑会受到四邻的不满或攻击。他们认真严谨，像是做客他乡，不可大意。他们慢慢地展开发挥，像是冰雪消融。他们实实在在厚重本色，像是原生的木头。他们接受包容，就像是一个山谷洼地，兼收并蓄，好像是不避污浊。

那么，谁能停止污浊呢？靠平静的过程使它沉淀而清明。谁能安定永远呢？靠微调与和风细雨让它焕发生机。得道的人不求满盈，正因为不求满盈，看似保守，却不断取得成功。

这里有一个深不可识的提法，这说明了老子的感慨，乃至于可以开阔地解释为牢骚。老子的许多想法与俗人不同，超前一步，不无怪异处。他在书中已经屡次叹息大道的不可道，不可识，难以被人了解被人接受。虽然他从理论上强调挫其锐，解其纷，和其光，同其尘，实际上他的理论仍然非常另类，他的锋芒是遮蔽不住的，他的锐与可争议性（纷）难以挫折解除。他的耀目之光，和不下去。他的与俗世俗说的差距，欲和之而难能。

而老子所谓勉为其难地形容善为士者——善于做人做事为政为道——的状态，豫兮（谨慎小心）、犹兮（斟酌警惕）、俨兮（恭敬严肃）、涣兮（流动释然）、敦兮（淳厚朴直）、旷兮（开阔深远）、混兮（兼容并包），起码前三个兮——唯豫唯犹唯俨，与儒家无大区别。儒家就是讲『温温恭人，如集于木；惴惴小心，如临于谷；战战兢兢，如临深渊，如履薄冰』。

儒家又讲『如坐春风』。《论语》中说『暮春者，春服既成，冠者五六人，童子二三人，浴乎沂，风乎舞雩，咏而归』。也就有了涣——如冰之将释或已释的意思。

用现代语言，涣兮就是解冻。苏共二十大后曾被称为解冻。我们则曾批之为修正主义。想不到，老子两千多年前就用过解冻的比喻，来讲善为士者的处境与心态。

儒家同样是讲形象思维的，而且很美。

温温恭人，出自《诗经》，显然老百姓已经接受这样的温良恭俭让的举止规范。如集于木是指人们集合在木头（树木）上，小心翼翼，怕掉下来，与下面的惴惴小心，如临深渊并列排比。我读到这里想到的则是女子体操运动员的平衡木上的表演，还有一群鸟儿停在一根枝杈上，谁也不敢碰谁。当然都是温和的与小心翼翼的。

有一种解法，说温温恭人是君子，而惴惴小心是小人。是不是过于喜欢划分阵营了呢？老子不会从这样的意义上讲什么豫、犹、俨、涣的。

还有一点语言上的趣味。道的前两个特性豫与犹，合起来就是豫犹，倒读就是犹豫。今天『犹豫』一词似乎带些贬义，

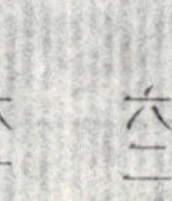

似乎是描述一个人胆小，没有决断，没有承当，不够男子汉。而老子是将之作为道性来赞扬的，是不是现在的人比古代人更没有耐性，更易于轻率冲动呢？

涣字也是如此，涣散云云，尤其是斗志涣散云云，是非常贬义的。但是老子用它来说明一种将释的、释然的、放松的与灵动洒脱的解冻状态，一种绝不僵硬、绝不板结的状态。这也说明世界上许多名词、许多名，它们的褒义与贬义也是转化变异的，头脑的僵硬会带来语言的僵硬，头脑的释然灵动会带来语言的灵动释放，这值得欢喜。

老子举的旗、讲的话，是不无怪诞的，是带着一股故意抬杠的冲动的，但是再特立独行也不可能自我作古，不可能不受他人、其他学派及社会主流文化的影响，老子的论述仍然是中华文化这株参天大树上结出的奇葩伟枝。老子的无为、不仁、非礼义，是与儒家针锋相对的，但是豫犹俨涣敦，儒家也是能够接受的。旷字可能稍有争议，但细读《论语》，孔子也不无旷的风格。混字更难一点，但是孔子的『有教无类』，不也有混的意思吗？

还有一个问题，小心谨慎，斟酌警惕，恭谨严肃，这些类儒的教导《老子》通篇讲的是比较少的，只在此章一见。老子更爱讲的是无为、不言、居下、惚恍、不争、无尤、无死地、不仁……也就是与儒家相反的朴厚玄妙、装傻充愣——大智若愚、大勇若怯的那一面。为什么这里讲起豫、犹、俨起来了呢？老子其实也不是只讲一面理，只有单向的思维的。他是无为而无不为，无惧而无不惧，无危而无不危，这是符合老子的辩证思维模式的。同时，借此，老子道出了他对于大道、对于悟道得道者的敬意，乃至敬畏。

我还愿意进一步探讨豫、犹、俨与涣、敦、旷、混。有的学者从中体察老子的风格。我以为，前三者——谨慎、畏惧、

端庄，是春秋战国乱世造成的某种不得不有的防范与自我保护心理，但也符合老子偏于阴柔的主张。前三项讲起来，有人甚至嘲笑老子是一个内心恐惧、畏畏缩缩、委委琐琐、躲躲闪闪的小人物，如契诃夫笔下的小公务员与套中人。后四项呢：舒展、质朴、旷达、兼容，就够得上《中庸》里说的『天命之谓性，率性之谓道』了。后四项是解冻的结果，本色、开阔、不择细流、略带野性，这才是老子的真面目，才是老子的真性情。

而说老子的特点是内心恐惧，则是极廉价极肤浅的印象思维、表层思维、小儿科思维。

还有一个话题值得探讨：什么样的人格才是最完全的？什么样的个性才是有内涵的？

既能温恭谨慎、小心翼翼，又能旷达性情、质朴包容，这不是很好吗？比起一味任性小性如在宝哥哥面前的林黛玉，或一味公关滴水不漏的宝姐姐，不是很好吗？

老子强调的重点与儒家还是不同的，温恭也好，谨慎也好，老子强调的是不要满、不要盈，他从毋满毋盈的角度上思考这一切。这一章的中心思想是不盈。宁可要溶释一点、敦朴一点、旷野一点、混浊一点，而不要盈满僵硬、狭隘难容、刚愎顽固（难以溶释）、刻薄苛察、心细如发、洁癖排他。老子的用意是，只有不盈，只有体认得到自己的缺陷空白，才有空间，才有未来，才有生命，才有发展，才有大道。

老子讲浊以止，静之徐清；安以久，动之徐生的道理。他理解的得道者的状态，并不是死水一潭，不是形如槁木，心如死灰，而是可以静之动之、清之生之的，但是要徐，要慢一点，要克服浮躁。这种静之动之的道，是不欲盈、不盈的基础。盈则僵死呆滞，不盈才有徐清徐生的余地。

似乎是描述一个人胆小，没有决断，没有承当，不够男子汉。而老子是将之作为道性来赞扬的，是不是现在的人比古代人更没有耐性，更急于求成呢？

敝字也是如此，敝旧云云，尤其是半老敝旧云云，是非常贬义的。但是老子用它来说明一种含蓄的、保守的、没有已经达到顶峰的鼎盛状态，一种并不圆满、并不成功的状态。这也说明世界上许多名词、许多字，它们的褒义或贬义也是相对变异的。头脑的僵硬会带来语言的僵硬，头脑的解放也会带来语言的灵活解放。这值得欣喜。

老子举的勇、慈的容，是不无悖谬的，是带着一股故意惊世骇俗的，但是用来说明道行当然不可能自我标榜。不可能不受别人、其他学派及社会主流文化的影响。老子的学说仍然是中华文化这株参天大树上结出的奇葩异枝。老子的无为、不仁、非礼义，是与儒家针锋相对的。但是实际上，儒家也是能够接受的。"无"字可能会有争议，但就是《论语》，孔子也不无可取的风格。说字更难一点，但是孔子的"有教无类"，不也有点这意思吗？

还有一个问题，小心谨慎，惴惴警惕，恭敬严肃，这些态度在《老子》通篇讲的是比较少的，只在此章一见。老子更爱讲的是无为、不言、居下、谦让、不争、无我、无死地、不仁……也就是与儒家相反的朴厚玄妙、装傻充愣——大智若愚、大勇若怯的那一面。为什么这里讲起谨、慎、畏惧来了呢？老子其实也不是只讲一面理，只有单向的思维的。也是无为而无不为、无畏而无不畏、无危而无不危。这是符合老子的辩证思维模式的。同时，由此，老子道出了对于大道、对于悟道得道者的敬意，乃至敬畏。

王蒙评说《道德经》系列

我还愿意进一步探讨豫、犹、俨、涣、敦、旷、浑，有的学者从中体察老子的风格。我以为，前三者——谨慎、畏惧、端庄，是春秋战国乱世造成的某种不得不有的防范与自我保护心理，但也符合老子偏于阴柔的主张。前三项讲起来，有人甚至嘲笑老子是一个内心恐惧、畏畏缩缩、委委琐琐、碌碌区区的小人物，如果回来看下面的小公务员与事中人。后四项是：舒展、质朴、旷达、兼容，就够得上《中庸》里说的"天命之谓性，率性之谓道"了。后四项是修养的结果，本色、开阔、不怕暴露、爽朗率真。这才是老子的真面目，才是老子的真性情。

而说老子的特点是内心恐惧，则是政策分歧报复的印象思维，表层思维，小儿科思维。

还有一个话题值得探讨：什么样的人格才是最完全的？什么样的个性才是有内涵的？

既能温恭谨慎、小心翼翼，又能开朗洒脱、质朴包容，这不是很好吗？比起一味任性使性的在宣言面前的林黛玉、或一味公关滴水不漏的宝姐姐，不是很好吗？

老子强调的重点与儒家还是不同的。温恭也好，谨慎也好，老子强调的是不要满、不要盈。他从盈满的角度去思考这一切。这一章的中心思想是不盈。宁可要容纳一点，敦朴一点，旷野一点，混浊一点，而不要盈满僵硬，求溯寂寞、闭塞顽固（难以容释）、修补甚禁、心胸狭窄、志满意得。老子的用意是，只有不盈，只有人为地保持自己的虚怀空白，才有空间，才有未来，才有生命，才有发展，才有大道。

老子讲得好：静之徐清，安以久，动之徐生的道理。说明得道者的状态，并不是死水一潭，不是形如槁木，心如死灰，而是可以静之徐之，清之生之的。但是要徐，要慢一点，要克服浮躁。这种静之徐之的道，是不欲盈、不盈的甚征。盈则僵死呆滞。不盈才有余清余生的余地。

他针对的仍是当时的侯王士人的毛病，他想的仍然是匡正时弊。他致力于呼唤的仍然是一个大道的王国，自然的王国，无为的王国，淳朴的王国。

这一章讲善为士者，认为他们是微妙玄通、深不可识的。不是士不可识，而是大道不可识。不是大道不可识，而是你们不识。既然你们不识，我也就不想示给你们了。国之利器，不可示人。人之利器，更不可示人了。我不愿意打，你不愿意挨，深奥不可识起来，不也很好吗？

可道者非常道，可名者非常名。然后老子强为之形容，强为之又道又名：这是老子的俯就，也是老子的无奈，又是老子的自嘲。连你自己都承认是强为之容，承认是深不可识，你又如何期待读者听者明白你到底是在说什么？

像冬天跋涉河流，像顾虑四邻，像接待贵宾或做客他乡，像冰雪即将消融，像原木的粗糙朴厚，像谷地的地势低洼而又开阔，像江河的不择细流、浑浊浩荡。这些形容，除四邻与宾客是社会生活现象外，其他都是自然现象。这说明，老子正是从自然与社会的诸种现象中体悟出大道的存在与微妙玄通深远伟大的。他的大道，既是推测、想象、思辨的产物，也是直观、感受、体贴的产物，是自然与生活的产物。他的举例说明了他一面论述大道，玄而又玄，出神入化；一面倾听世界，重视感觉、注意万物、描绘具体，善于举一反三、触类旁通，善于从外界、从天地、从自然、从生活中寻找灵感与大道的征兆，善于从自然现象与生活中得到启示与聪明，从观察、感受、经验与具体事物、直观万象中得到启示。

老子是一个思想者，但他首先是一个阅读者，阅读自然，阅读天地，雨露、溪谷、水、玄牝、橐龠、万物、万象……

这又与格物致知之说接近了。

师法自然，是中国的文化传统。学画的人会这样，学武的人也会这样，如猫窜狗闪鹰抓虎扑，学哲学的人也喜欢这样。

中国人是喜欢讲『悟』的，佛学进口以后，则干脆讲觉悟。悟与我们今天讲的思考或者分析不完全一样，它是形象思维与逻辑思维的统一，是推理判断与玄思妙想的统一，是理性清明与神秘启示的统一，是对外物与对内心的发见的统一，是思维也是感想感情的飞跃，是用于针对于对象的，更是用于针对于内心的。

中国的传统文化珍惜统一、同一、归一、返一。此章所述是士——人与道的统一，也是道与自然、社会、生活的统一，即道与天的统一。它表达的是天人合一、天道合一、人道合一、自然与文化合一的思想。这样的合一统一归一，是老子的主心骨，也是中国文化的主心骨。在中国，不论学什么，一直到为政为兵为医为师为巫祝为堪舆，都要师法自然。自然永远是我们的老师，中华文化的老师。老子的道也是法师自然的。这样的思想虽嫌笼统，仍极可爱，极珍贵，颠扑不破，永放光辉。至于有人从中国的环境问题来论述中国人并未做到天人合一，那却是对古人的苛求了。注意环境保护，那是应该用来要求我们这些当代国人的。其实老子理想的小国寡民，不贵难得之货，老死不相往来，客观上绝对符合环保的理念。如今的环境破坏，不是中华文化传统的欠账，而是违背中华文化传统，尤其是违背老子主张的恶果。

古人有老子那样微妙玄通、深远伟大的概念，够令人惊叹的了。

第十六章　致虚守静

致虚极，守静笃。

万物并作，吾以观复。

夫物芸芸，各复归其根。归根曰静，是曰复命；复命曰常，知常曰明。不知常，妄作凶。

知常容，容乃公，公乃王，王乃天，天乃道，道乃久，没身不殆。

我们要达到虚空、虚无、谦虚的极致，不搞偏见，不搞强求，不搞自己的一本糊涂账，绝对不刚愎自用。保持平静、恒定和诚实厚重。

世间万物，各自运转，万物杂陈。我们可以观察它们的循环往复、千姿百态、千变万化，然后该什么样还是什么样，能什么样就是什么样，各自回到自身的本初状态。落听（lào tīng）了，沉淀下来了，也就静下来了，这就叫回到自身。回到自身就是恒常，知道什么是恒常就是明洁。不懂得恒常，轻举妄动，就会造成灾难祸患。

知道了恒常就会有所容受，沉得住气。能容受，能沉得住气，就能公道，不偏私。能公道，不偏私，就能成为首领。当上首领，就要知天意天命，与天道保持一致。知道了天意天命，像天一样的公正无私，一样的涵盖万物，也就接近于大道了。有了大道的指引，就能长治久安，长命百岁，天长地久，到死也不会有大错失。

这一章老子从人的修养与人生姿态方面讲大道的要求。首先的要求是虚静。虚就是给自己的头脑、内存、硬盘、系统，留下足够的空、空白、容量。一台电脑，如果什么都占满了，这台电脑就无法工作，而只能动辄死机，变成废品，除非重新格式化，把一切废旧数据删除。一个人也是如此，就知道那么几条，膨胀得哪儿也装不下，实际上已是废人。

我们常常说从头学起，从头做起，也就是重新格式化后再开始运算，当成一台新电脑来从头开始。

静的含意不是一动不动，而是要有准头，要平心静气地理智思考，要慎于决策，要把心沉下来，把头脑理清楚。就是说，要心静，不要慌乱，不要焦躁，不要冲动，不要忘记了大脑、不会使用大脑而只去听内分泌的驱动。还要克服一时的情绪刺激，利益诱惑，心浮气躁。

且看，不论是官场，是文坛，是商场，多少人奔波忙碌，轻举妄动，争名夺利，跑官要权，枉费心机，神神经经，咋咋呼呼，丑态百出，适成笑柄。反过来说，凡有成绩的，又有几个不是心静得下来、心专得下来、大脑能够正常运转工作的？

生活在某种平常的却也是俗恶的环境里面，往往是一动不如一静，尤其是对与自己有关的事务上，不许动，举起手来，这往往是最佳的选择。

静的结果哪怕是没有办成事，至少可以保留采取进一步措施的可能性，可以维护一个高雅的形象，可以事后回忆起来不至于羞愧得无地自容。

其实任何一件具体的事务，一篇论文或一笔生意的成败，一项奖金与一个头衔的得失，一种舆论与一些受众的评价，都会受到一时的各种偶然因素的影响。有灵机一动也有阴差阳错，有天上掉馅饼也有喝凉水塞了牙，有侥幸也有晦气，不过一时，转瞬即逝。而你的修养，你的本领，你的境界，你的活儿，才是顶天立地，我行我素，我发我光，我耀我土，

第十六章 致虚守静

致虚极，守静笃。

万物并作，吾以观复。

夫物芸芸，各复归其根。归根曰静，是曰复命。复命曰常，知常曰明。不知常，妄作凶。

知常容，容乃公，公乃王，王乃天，天乃道，道乃久，没身不殆。

我们要达到虚空、虚无、虚静的极致，不搞偏见，不搞成见，不搞自己的一本糊涂账，绝对不刚愎自用。保持平静、固守住诚实厚重。

万物生长，各自运作，蓬勃兴旺，我们可以观察到它们的循环往复、生老病死、生生不息。[illegible]什么样就是什么样，各自回归自身的本初状态。[illegible]了，沉淀下来了，安静下来了，这就叫回归自身。回归自身就是回常。明白什么是回常就是明智。不懂得回常，轻举妄动，就会造成灾难凶事。

明白了回常就会有所包容，[illegible]。能包容，[illegible]。能公道，不偏私，[illegible]，就能成为首领。当上首领，就要知天意天命，与天道保持一致。知道了天道天命，就像天一样的公正无私，一样的涵盖万物，也就接近于大道了。有了大道的品格，[illegible]，死也不会有大错失。

这一章讲了从人的修养与人生态度方面讲大道的要求。首先的要求是虚静。虚就是给自己的头脑、内存、硬盘、系

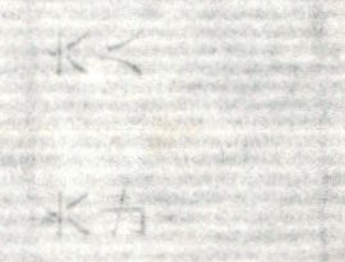

统重新格式化，把一切原有的数据删除。一个人也是如此，[illegible]。

我们常常说从头学起，从头做起，也就是重新格式化后再开始运算，[illegible]，从头开始。

静的含意不是一动不动，而是要有节奏，要平心静气地思考问题，要镇定从容，要把心沉下来，把头脑理清楚。

就是说，要心静，不要慌乱，不要急躁，不要冲动，不要忘乎所以，不会使用大脑而只去用肉体的欲望冲动。还要[illegible]一时的情绪所驱使，[illegible]，心浮气躁。

[illegible]

[illegible]

生活在其中平常的时候也是会丢掉冷静的。[illegible]

[illegible]

[illegible]

其实任何一件具体的事务，[illegible]

[illegible]

谁也奈何不得。

一时的晦背只能增加你的光彩。

所以我们不太喜欢活动这个词，你活动得太厉害了必然就轻飘了，轻佻了，掉份儿了。

『万物并作，吾以观复』这一句，有点旁观的超脱，有点恬淡，令人想起程颢的诗《秋日偶成》：

闲来无事不从容，睡觉东窗日已红。
万物静观皆自得，四时佳兴与人同。
道通天地有形外，思入风云变态中。
富贵不淫贫贱乐，男儿到此是豪雄。

这位近千年前的儒家学者大程，此诗除豪雄云云可能为老子所不取外，其余的话与老子的学说完全一致。我甚至觉得他的『万物静观皆自得』之名句，当出自『万物并作，吾以观复』。而富贵如何、贫贱如何，也不无宠辱无惊之意。

这一章还有一个重要的论述，观复，复命，归根，曰常，知常。许多学者先贤主要从事物变化的循环往复上解释这些命题，认为老子的用意在于说一说万物的变易不已。我的经验主义的理解，则偏重于设想老子所强调的在于：千变万化之后回到本态。任何人与物都有自己的本态、本初状态，也可以说是常态。但是人又受许多外力的影响，受许多机缘、群体、社会、历史、他人与集体意识、集体无意识的影响而偏离本态常态。忘乎所以，叫做不知道自己是老几了。

比如江青本来是一个爱出风头、爱表现自己的二流左翼演员，是一个追求革命却又对于革命没有太多了解的年轻文艺工作者，后来阴差阳错，成了非本态非常态人物，成了祸害。最后竟没有能恢复本态，就是没有能复命归根。悲夫！

比如萨达姆·侯赛因，他是一个民族主义和信仰主义者，胜利者、独裁者、英雄、囚犯、问绞者……他也转悠了一大圈，没有能复命归根、知常曰明。他的命运主凶，是一个悲剧。

比如鲁迅，被视为圣人，被树为完人与超人，又被一些人痛恨与詈骂。其实鲁迅有自己的本态常态，他是一个深刻批判的冷峻的作家与战士、思想家与斗士，有他的伟大，也有他的悲情与激烈。

比如胡适，他是学者，但是他在学术上尤其是思想上的创意性贡献有限。他是自由主义者，他为中国的思想界学界带来了许多启发。他被列为候补战犯，他被全国批判，现在又恢复了他的本态，他的书在海峡两岸都出版，却也热乎不到哪里去。

比如我自己，本来是个『好学生』『好孩子』的状态，少年时期一心当职业革命家，成绩有限，弄成对立面也是历史的误会，与其说是误会不如说是历史拿人开玩笑寻开心。然后是委员、部长，然后……回到我的积极参与的与孜孜不倦的写作人的本态常态。我的幸运就是终能复命归根，略略知常曰明，当然只是基本上与大概其。

谁能清醒？谁能明白？谁能不被一时的潮流卷个晕头转向？谁能不跟风前行？谁能不势利眼？谁能不苟且迎合？

而如果能虚极、静笃、观复、曰常、归根、复命、知明，就是有了道行了，通了大道了。

老子再次强调人与大道的统一。他的『复命曰常，知常曰明……』后面是『知常容，容乃公，公乃王，王乃天，天乃道，

道乃久，没身不殆』。回到本态就能恒常，能够恒常就能明洁，能够恒常（虚极、静笃、不意气用事）就能容受，能容受就能公道，能公道就能当首领，当了首领就要知天意天命，知道了天意天命就与大道一致，亲近了并一致于大道，就能天长地久，至死也不会出现危殆灾祸。这种论述方法是中国特有的一鼓作气、步步高升的串起来的立论法，文气恢弘，高屋建瓴，势如破竹。《大学》从诚意、正心开始，一路论到修身、齐家、治国、平天下，也是这种串论法。缺点是它们的逻辑依据并不充分，必要条件并不等于充分条件。我们不妨认定，修身对于治国是必要条件，但并不就是充分条件。自我修养很好的人，为人很好的人，就能统治一个王国并使之胜利前进了？未必。一个人能够复命回到本色就能与天道一致了？也未必。倒是逆对定理能够成立：一个人如果连自己是老几都动辄闹笑话，他怎么可能有容纳性、公道，明白事理，做成大事？

从小的前提得出大的结论的过程并不可靠。从一个复命、知常，就能扩展到能容能公能王能道直到没身不殆上去？太夸张了，太直线前进了。

再说，任何一个小的因素都可能造成干扰、紊乱，都会有不同的结果。而且生活中有偶然，有变数和异数，有意外的与无规律可循的灾难或幸运。你再通天道，架不住一个交通失事或传染病的流行。你再不通天道，万一碰上彩票中奖也会命运改变。西方的偏于科学数学的思维方法，就很重视这些具体的元素。近年还时兴起紊乱学说来，它的代表性的说法是，南半球某地的一只蝴蝶偶尔扑腾一下翅膀，它所引起的微弱气流，几星期后可能变成席卷北半球某地的一场龙卷风。这是一种西方式的从偶然到巨大的必然的思想方法的精彩命题。而老子式的有了天道就没身不殆的命题，取向恰恰相反，是认定有了大前提就可以势如破竹，一通百通，一了百了。

与西方相比，中国的思想家强调的是必然，是前提决定论，是大概念决定论，是决定论而不是或然论。

中国的模糊逻辑的方向是，大道决定一切，抽象决定具体，本质决定现象，本原决定结果。同时，现象体现本质，具体体现抽象，一切体现大道。两者呈递升或递降的类多米诺骨牌效应，即有A则→B，有B则→C，C→D→E直至Z，同时得Z即可断定Y，得Y即可上溯→X→W→V→U……一直到A。这大体也是毛泽东所论述的主要矛盾决定次要矛盾，主要矛盾解决了，次要矛盾也会迎刃而解的公式。这样的思维模式决定了老子『知常容→容乃公→公乃王→王乃天→天乃道→道乃久→没身不殆』，也决定了孔学的意诚→心正→身修→家齐→国治→天下平，以及平天下→治国→齐家→修身→正心→诚意的公式。

而西方的思维方式则强调区分，分析分解，强调细节决定成败，偶然也可以变成必然。有时候就是头痛决定头，脚痛决定脚，头痛医头，脚痛医脚；同时强调任何公式应该来自实验、统计、计算，而且推理不但要有大前提还要有小前提，还要区分必要条件与充分条件。有容是公的必要条件，但是不是充分条件呢？难说。你虽然有容，但是缺乏知识与专业的准备，你不可能做出公正的判断。公乃王更是如此，公是做一个好王的必要条件，不甚公但是有实力有手段有客观的需要，照样当王不误。同样，甚为公正公道，不但当不成王，连命都保不住的例子也不是没有。

第十七章　我自然

太上，下知有之。其次，亲而誉之。其次，畏之。其次，侮之。信不足焉，有不信焉。悠兮其贵言。功成事遂，百姓皆谓：我自然。

最高明的统治者，下边只知道有这么一些人，知道有他们就是了。差一点，人们还需要忙着靠拢他们、歌颂他们、讨好他们。再差一点，这些王侯官员让人害怕、畏惧。更差的是老百姓轻蔑和嘲笑的那些统治者：他们缺乏公信力，人们信不过他们。

如果你做了不够诚信的事情，也就有人不相信你了。好样的统治者是从容不迫的，说话也不多，言语珍贵。事情都办成了，老百姓说，那是我们自己干的呀。

老子在第十七章勾画了一幅理想主义的行政图画。他不像无政府主义者设想得那么绝对与脱离实际。承认有这么个统治者的存在，跟自己没有那么大的关系，互不相扰，不那么亲密，也就不会产生多少矛盾，保持着某种距离。亲戚远来香，官员也是适当保持距离为好。

又亲近热乎，又赞歌高唱，好是好了，太好了期望值就高，高了就容易失望；所谓爱恋生期待，期待生嗔怨，嗔怨生烦恼，烦恼生不满，最后弄不好会反目成仇。

亲近热乎，赞歌高唱，还容易产生虚伪，变成手段，变成心机。

上述情况下，在上的人物不容易及时发现问题，及时调整修正。在赞歌盈耳的时刻，孰能清醒，孰能改过？陈毅有诗云：『岂不爱拥戴，颂歌盈耳神仙乐。』

使人畏惧其实也是必须面对的事实。一方面国家是用暴力来维持自己的统治的，但另一方面迷信暴力则只会自取灭亡。因为只有力量而没有信任是危险的，是容易转眼崩溃的。

让老百姓觉得是自己在办好自己的事，这就更理想了，这就是自己解放自己，自己救自己。为政之道在于相信人与发挥人的能动性创造性。为政者统治者集团再高明再伟大，能做成的事其实是有限的，而如果是老百姓的力量积极性都发挥出来了，能做的事要大得多。做不到这一点的人他为政不可能成功。多咱老百姓能有自己办自己的事的能力，有自己帮自己的感觉，能自己消化问题，能自救自慰自强，能为自己办事而不受干扰只受支持，这个国家就大治啦。

第十八章　大道废有仁义

大道废，有仁义；慧智出，有大伪；六亲不和，有孝慈；国家昏乱，有忠臣。

大道被丢弃了，人们各行其是乃至胡作非为了，才会出现对于仁义道德的提倡彰显。智慧计谋发达了，心眼儿越来越多了，虚伪与欺骗才会越来越多。礼崩乐坏，六亲不和，六亲不认，才痛感到了孝子慈父的可贵乃至人为地去进行本来不需要灌输的孝慈规范教导。国家政治乱了套了，国君无德无才陷入危难了，才大呼大叫地闹什么忠呀勇呀的什么的。

大道废，有仁义；智慧出，有大伪；六亲不和，有孝慈；国家昏乱，有忠臣。

第十八章 大道废有仁义

王蒙评说《道德经》系列

这几句话分量很重，内容尖刻，逻辑铁定，观念惊人，语气沉痛，字字带血，掷地有声。我的感觉是，这是老子的警告，是老子的痛心疾首，是老子的诅咒，是老子击起的一道闪电。

一般人都认为，仁义道德、智慧谋略、孝子慈父、忠勇良臣，是国家的宝贝，是社会的栋梁，是价值的核心。而老子的逻辑恰恰相反。人们压根儿就应理所当然地和睦相处，互相帮助，同享天伦，共度美好的生活。只是因为有人心存诡诈，歪门邪道，社会风气败坏，才需要把一个仁义道德呀爱心呀助人为乐呀见义勇为呀挂到嘴上。如果本来人人都做到了这一点，还人为地推行推销个什么劲？

智慧谋略，有一点是可以的也是必要的，但是太强调智慧的结果，却是忽视了天然的大道，是用尽心机为自身打算，一直发展到损人利己，虚伪狡诈，诡计多端，尔虞我诈，大骗子玩弄着小骗子，小骗子糊弄着大骗子。

家庭亲属，天伦之乐，父慈子孝，兄弟手足，相亲相爱本来是天性，把慈与孝变成了道德规范这本身就不自然不真实了。成了规范标准以后，便要作状，便要显示，便要竞赛，便要勉强，便要口是心非，便有万般假冒。事实是把孝挂在嘴上的人一定不孝，把慈挂在嘴上的人一定不慈。母亲为孩子喂乳的时候需要声明我是慈爱的吗？孩子绕父母之膝而乐的时候他会说我要做孝子吗？一个孩子一边为双亲做一点服务，如搀扶双亲走路或给双亲倒一杯水，他需要一边说我是在尽孝吗？如果他做一点点事的时候一再声明是为了孝，他的双亲能够舒服得了吗？

忠啊忠啊，我们的经验可不少，只想一想什么时候一个忠字在我国大地上满天飞满是价（不是别字，千万不要改）喊吧，那是『文化大革命』，那是林彪、『四人帮』横行的时候，大喊忠的时候，也就是动乱浩劫、阴谋陷害、残害忠良、

遍地冤屈的黑暗时期！

老子的这些说法很警世醒世，贾宝玉后来发表反对文死谏武死战的理论，用的也是老子笔法。宝玉的意思是，文死于谏了，说明君昏；武死于战了，说明国之不保，君之无助。我戏称宝玉是用极左反对极左。可见老子的老到。民间也讲什么家贫出孝子，国乱显忠臣。虽是从正面的角度讲说与老子此章所讲到的同一类现象，也同样启发人的思维：对于忠臣孝子之提倡，不能不心存思忖。

老子有一个假定则是纯粹的乌托邦。他假定人之初性甚善，不搞这些文化智慧价值道德学问知识政治军事本来会天下太平，淳朴良善，伊甸乐园。他的这个假设不能成立。人是要进化的，大脑是要发达的，科技是要使用的，民族国家集团是要结合构建的，利益是有冲突的，人是要竞争的，恶与善同在，竞争与进步同在，文化与罪恶同在，你无法用消灭禁止文化进步科技智慧的方法防止罪恶。相比之下，西方的原罪观念与用法律和相互监督限制惩戒犯罪的路子更现实一些。

老子的意义不在于他开出了防止文明与道德旗帜下的罪恶的药方，不，他的药方里包含了不可能的虚幻。他的这些精彩论断的价值在于指出了问题。他的悲哀是深刻地看出了问题，看出了儒家诸教义的不足以解决问题，却开不出真正解决问题的药方。也许，问题在于，老子想从根本上杜绝竞争，禁绝作伪，废绝智谋，灭绝犯上作乱与苛政害民，从内心里就赶尽杀绝一切争斗谋略贪欲危殆的萌芽。和此前的及无吾身论一样，他想得太高太根本太彻底太绝对了，反而是不可能的了。

老子指出的是：越是讲得好调门高，越要警惕假冒、伪劣、争夺、虚夸、言行不一和适得其反。不要被各种好听的话蒙骗。宁可少说一点漂亮话，少听一点漂亮话，多回到自身的良知良能，回到本态与朴素，回到常识与本性，过更本色也更简单明白尤其是更诚实更率真的生活。做一个更本真的人吧，走自己的路，让闹哄者去夺抢仁义慈孝智慧忠心或者现代的别的好词儿或外语词儿如弥赛亚（救世主）的大奖与命名去吧。我们要的是大道，是返璞归真。我们不期待、不在意、不追求外界的夸张命名。

作为心功，作为内心世界的调整，老子讲得还是高明的。

第十九章　绝圣弃智

绝圣弃智，民利百倍；绝仁弃义，民复孝慈；绝巧弃利，盗贼无有。

此三者，以为文不足。故令有所属，见素抱朴，少私寡欲。

什么圣贤，什么大师，什么高人，什么榜样，去他的吧！去了他们，让老百姓生活得更踏实更舒服一点吧，老百姓会从为政者的清明务实中得到上百倍的实惠。什么仁义，什么道德，什么牌坊，什么功德碑，去他的吧！去了它们，老百姓也就自自然然地孝亲爱子，享受天伦之乐，回归人性了。什么能工巧匠，什么技术超凡入圣，什么绝活绝艺绝品，去他的吧！没了它们，连偷盗者也不会出现。

圣智呀，仁义呀，巧利呀，这三个方面，作为文化是不够有效的，我们还需要其他的补充与精神归属。就是说要在意素净，坚持朴质，减少私心，控制欲望。

这一章可说是写得斩钉截铁、字字到位、横扫千军、力透纸背。其目光更是穿透了几千年几万里。

这一章紧接上一章的激愤之论，进一步要求简朴本色，诚信自然，不要自己折腾自己，不要自己折腾完了再去折腾别人，再去折腾那个原先的折腾，不要老是自己与自己过不去，与老百姓过不去。

文化上、政治上，直至生产技术上，确实存在着这样的自我穷折腾没完没了的现象。你把一切举手之劳的劳务都变成机械化自动化，车窗开关、马桶盖开合、麻将牌洗牌码牌，全都电气化按钮化了，然后再想办法长跑减肥，制作各种健身器械。

还有整天忙什么管得太死了要放开，放开了赶紧要管住。炸完了再援助，支援完了再开战。再如在一些硬件落后工作跟不上的地区，挖出文物清点文物，给文物估价，走私文物，盗窃文物，破坏文物，收藏文物，永无宁日。

再比如改革开放前与改革开放初期，光一个跳交谊舞的事就折腾了多少回，允许，不允许；允许，禁止；开放，再禁止……某省人大常委作决议不准跳（至今未撤销），现在想起来成了笑话。

无作为是不可以的，如何不滥作为，则是值得考虑的。

这一章还包含着这样一个意思：执政不要唱高调，不要树立过高的标杆，不要提出过多过高的任务，一定要朴实本色、求真务实。

老子与当时的其他论者学者一样，他们首先会讨论为政之道，同时也兼顾百姓民人（那时还没有人民一词）的利益。

王蒙讲说《道德经》系列
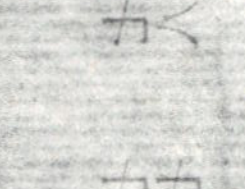

因为他们知道，如果过分损害民人的利益，为政（统治）也是搞不下去的。

老子看到了那时的诸子百家、王侯大臣，有许多道德化理想化修辞化的执政为政理念，各人说得比唱得还好听，然而这些东西太高太做作，用今天的语言说就是太意识形态化、理论化、文学化、诗化、浪漫化，难以与现实接轨，没有几个人真正做得到，真正做到了的说不定又显得迂腐穷酸。

于是你指责我没有做到高标准，我指责你没有兑现高调的允诺。百姓因侯王没有做到高调而造反，侯王因为臣子或百姓没有做到高调而惩戒整肃。唱高调而做不到，于是出现了『满口的仁义道德，满肚子男盗女娼』的讽刺。而针对『好话说尽』的反弹，很容易变成『坏事做绝』的怒骂。

高调只能是乱源，只能是互相攻击的借口，只能是煽情的动员，只能劳民伤财，争执不休，天花乱坠，高入云天，令为政者与百姓茫然无所措。

过分的高调还败坏社会风气，败坏政风文风，养成心口不一、言行不一、乔装打扮、空口求荣、花言巧语、清谈误国、假大空比赛，互不信任，互打折扣，互相摸底，钩心斗角的一系列恶习。不用考虑得太远太深，就想想『文革』的历程、『四人帮』的兴衰史，够咱们一代一代受用不尽了！

所以老子主张不要口若悬河地天天讲什么圣呀智呀、仁呀义呀、巧呀利呀的，多让百姓民人们过几天踏实日子、自在日子。让百姓多一点实惠，少一点高空立论、铺天盖地、耳提面命。

老子的替代建议是：用见素抱朴、少私寡欲取代圣智仁义巧利，以低调替代高调，以安之若素取代急迫紧张，以

简单质朴替代繁文缛节，以清静无为取代励精图治，以相安无事取代奋发图强。他的主张有不现实处，有单向与片面处，但也有参考价值。一味的高速发展必然会带来全面的紧张，辅以老子的某些清凉精神，未必是没有意义的。

第二十章　我独昏昏

绝学无忧。唯之与阿，相去几何？善之与恶，相去若何？人之所畏，不可不畏。荒兮其未央哉！

众人熙熙，如享太牢，如春登台。我独泊兮，其未兆，如婴儿之未孩，傫傫兮，若无所归。

众人皆有余，而我独若遗。我愚人之心也哉，沌沌兮！俗人昭昭，我独昏昏；俗人察察，我独闷闷。澹兮其若海，飂兮若无止。众人皆有以，而我独顽且鄙。

我独异于人，而贵食母。

抛弃掉那些（矫揉造作、呆板死僵的）学问，你也就不会陷入困境了。是是非非，相差能有多少？善善恶恶，相区别能有多少？（可惜的是没有几个人能够具有独立和深刻的思考，而多半是）人云亦云，人畏我畏，人畏者谁能不畏乎？荒唐啊，蒙昧与无序的状态还不知道要延续多久呢。

随着大流，倒是可以热热闹闹、吵吵嚷嚷，像是在参加大宴会，像是去春游。我则是平平淡淡，像个对外界还做不出什么反应的婴儿，像是找不着家门的游子。

众人都有富余，而我一个人却好像丢失了什么，欠缺了点什么。是我的心智太傻吗？怎么糊里糊涂的？众人都觉

得自己挺明白，我则觉得自己充满困惑。众人自以为什么都看到了，我则觉得自信不起来。世界像大海一样无边，世事像大风一样不定，无休无止。众人好似都有点把握，而我一个人在那里较劲，显不出高明和流畅，显得别扭而又鄙陋。

我和他人不同的地方，就在于我追求终极，追根求源。我要看的是本质，是永远，是大道。我不轻信表面的天花乱坠。

这一章我更注意的是追索它的全文的逻辑与精神，因此在字词理解方面，我强调的重点与有些专家老师不太相同。

这一章有点特色：整个《老子》的讲论都是高高在上，睥睨大千，游刃有余，真理在握，大道在手，势如破竹，无敌于天下。然而在这一章老子却不乏牢骚，有诉苦，有无奈，有嘲弄与自嘲，有智慧的痛苦、孤独、幽默与叹息。

这里有一个基本的悖论。智者、思想者、哲人如老子者，他认定他的见解是如一加二等于三一样朴素，明显而且毫无疑义的。他希望他所宣讲的见解也如两点之间以直线为最短一样毋庸争论，符合常情常理常识，易于接受，广行天下。而一切不同于他、与他的见地背道而驰的讲说，则是偏执、荒谬、愚蠢、不堪一击的。

他无意惊世骇俗，与众为敌；他无意故作高深，与俗鲜谐，他不认为他的理论知识多么难以接受。

而另一方面，他的见解是富有创意的、独特的，与凡俗的、随大流的见解不同的。他是天才，他是独具慧眼，他必然与众不同。他必然感觉得到庸众的随大流的乃至随主流的见解其实乃无见解的浅薄、廉价、简单、粗糙、人云亦云。而这些浅薄的多数，廉价的认知却要自以为是、人多势众、挟群体以搏哲人，压垮智慧，灭杀高智商。老子能感觉不到这些吗？

就是说老子不论怎么样强调自然、无为、举重若轻、万物自化，他仍然感觉到了他的见解与俗众间的距离、他的

见解的挑战性与已经激起可能激起的反弹力。他提倡虚静无为，提倡得并非不吃力。

他容易吗？

随大流的，人畏我畏、人止我止的俗人如享太牢，即如同大吃大喝一样舒服与懒惰；如登春台，即如同春季登高一样满足与自得。俗人庸人们啊，你们有多美！

这两句话虽然文雅，其实很富有嘲弄意味。很有些个众人皆浊而我独清的清高。有点冠盖满京华、斯人独憔悴的寂寞，甚至也有点老聃式的无可奈何的冷幽默。

而这一章对于『我』即立论者老子本人的（淡）泊兮、未孩（不会笑）、傫傫——疲倦而又闲散、愚人之心、沌沌、昏昏、闷闷、顽、鄙、独异于人的形容描绘，则显然带有自嘲与愤慨。

有什么办法呢？智商高的人从数量上讲肯定少于智商低的人，他们或他一个人常常被智商低的数量多得多的俗人所排揎。独立思考的头脑常常少于别人害怕我也就跟着害怕的怯懦与呆木的头脑，常常反而被糊涂人认为是愚傻顽劣粗鄙犯呆。智者常常能够原谅与包容愚者，而愚者是不能原谅和包容智者的。智者的智，令他们感到的是骚扰、是压迫、是吃饱了撑得慌，是对比了自己的愚，是寒碜自个儿。尤其是小有聪明实际愚蠢得够戗的那种人，他们预感到自己在智者的面前会显得多么矮小寒碜，自命不凡的小文人与小小的自以为是会思想的人，更是视智者为不共戴天，叫做必欲除之而后快。

为真理与人众而苦苦思索而承担迷惑与痛苦的心灵，为了历史的前进不惧怕付出代价的真正高尚的心灵，是无法

被自我感觉良好的、不求甚解的心灵所容纳所理解的。

顺着这个思路发展下去，老子也许会捎带出老年间的中国式易卜生主义的色彩。但是毕竟不同，老子的整体学说的圆融与神奇，老子的智慧的涵盖性、辩证性、包容性与东方式的自足与自慰，使老子终于进入了并带领数千年的读者进入了玄之又玄，众妙之门，而不会太过于煽情地与众人对立，也不会吐块垒而过分激烈。孔子也提倡怨而不怒，思无邪，况高明如游龙（《史记》记载的孔子对老子的印象）的李耳大师乎！

唯唯诺诺与摇头呵斥，相差能有多少呢？善良美好与恶劣丑陋，相差又有多少呢？这个话比较好说一点，所以老子一上来先说这个不争论的话题。西方的说法则是，任何表白都是不必要的，因为对你抱有好意的人，你不必表白；对于你抱有恶意的人，你表白他们也不信。西方还有一种不太严肃负责的一棍棒打死的说法，将一切争论说成是『口水战』。这一辈子我见到过的争论也不少了，仅仅听两方面的讲演，仅仅读两方面的文字，你是什么也得不到的。为争论做结论或暂时做一判断的力量，不在争论之中，而在争论之外。

但是其后紧接着说，别人畏惧躲避的，你或我也不能不躲着点，这样荒唐的事还方兴未艾呢。

老子说得现实、实在，明知道争斗的双方『饮水差知等暖寒』（钱锺书），却还不得不跟着有所规避，荒其未央哉——这样的荒唐还正来劲呢！

让我们在此章的最后讨论老子讲述的最初，他是这样开始此章的，只有四个字：『绝学无忧。』四个字，神龙见首不见尾，潜龙勿用，见龙在田，潜龙在渊。

如《史记》上记述的孔子所言，老子的此话像一条龙，神妙莫测，如龙的尚未腾飞。它简约而又含混，另类而又含蓄，惜墨如金，似天机不可泄露。

我接触过的多数版本以此四字作为此章的开始，也有的将之置于上一章之结束。解释则无大异，认为老子说的是不要去学那些世俗末学，抛弃圣知礼法的学问，也就没有忧愁、忧虑了。

我宁愿选择其篇首位置，似更有冲击力与概括力。

我宁愿选择对之做更多义的解读，文字越是简练说法越是含蓄，解读的空间就会越大，我们把它理解得太简明了，是不是有点辜负老子的文体和用心呢？是不是离众妙之门反而远了呢？

绝学无忧的第一义，可能如历代所解：学多了世俗一套、儒家一套、人为的矫揉造作一套，更添困惑，更与大道隔着一层了。不学这个才能无忧无愁，才能心明眼亮。

第二层，未必是学问与信息的毛病，未必是由于学问与信息——你所学到的那些东西的可疑，恰恰是智慧本身就是痛苦的根源。哥白尼的痛苦、伽利略的痛苦，不正是他们的地动说、地圆说吗？如果他们没有这样的知识智慧，他们不也就无忧了吗？

那么，绝学无忧就是反讽，就是悲哀，就是叹息。绝学方能无忧，智慧只能痛苦，平庸是快乐的源泉，才华是不幸的造孽啊。

你可以认为上述观点太没有出息，太侏儒化或者犬儒化了。我也可以认为上述的说法是悲愤之论。绝学无忧。书

读得越多越蠢。刘项原来不读书。从来名士皆耽酒，自古英雄不读书。后者是扬州一个景点的名联。

那么绝学无忧就同时成了一个讽刺，一个怪话。本章本来就具有某种怪话色彩。说是从不学习的人最快乐，他绝对不会忧国忧民，不会忧天忧地，不会忧环境忧生态忧弱势忧分配忧教育……

还可以有一个更加『以毒攻毒』的解释：绝学者，绝顶之学也，summit之学也，大道之超级感悟体察也。有了这样的学，与天地一体，与日月同辉，与大道共呼吸，还能有什么忧呢？

如果与上一章的绝圣弃智、绝仁弃义对比，这里的绝似乎不宜做绝顶解。然而谁又能保证，老子在此书中用一个字只能是一个含义呢？绝是断绝，是放弃，是停止，又是绝对，是最高级的形容词、副词。中华文明何等绝妙，汉字构成，何等绝妙！绝是最坏的话，如绝户、坏事做绝；绝又是最高最善的绝顶，巅峰！绝学呀绝学呀，如无绝学，谁能怀疑『唯之与阿』『善之与恶』的区分呢？

解读藏头露尾、神秘莫测的《老子》，至少可以益智，可以开动脑筋，可以培养一种立体的开阔的思维空间。

古来释义老子者多矣，他们的追求在于求出老子的唯一正解，破除可能有的偏差，所以在解释无为时特别要强调不是完全无所作为，解释愚的时候强调乃是厚朴。

但是老子的思想与文体实属另类，他的《道德经》五千言，高度精练，有些地方有些言语(占全书一半以上)如结论、如格言、如《易经》中之卦辞、如诗、如锦囊妙计、如天意神授、如天象谜语谶语爻辞。语含玄秘，话多弹性，天机未可泄露无遗。他的思想更是高度概括，高度辩证，高度渊深而且变化多端，纵横驰骋，上天入地，超越生死。

时至今日，作为一个业余的爱好者、读者，我绝无能力在所有的章节都寻找出考证出判断出与分辨出老子书中逐字逐句逐节的唯一正解。世人皆知正之为正，斯不正矣。对《老子》的字句解读最忌王麻子剪刀，别无分号。我要做的仅仅是大致靠近它们的应有的理解，尊重已有的诸前贤的解读，大致认同之，全面接受之学习之，同时探讨对这些字句章节的进一步解读发挥的可能性、共鸣赞叹的可能性、获益启明的可能性、吟咏赏析的可能性与交流碰撞的可能性。

我要的是可能性，不是唯一性。是讨论，不是结论。是众多的起点，而不是终点。是继续环绕前行的巨大空间，而不是到此止步的标准答案。

正如转益多师是吾师一样，读《老子》的某些段落，王蒙的感受是：转益多解是吾解。转益多解更需自解自爱自赏自作多情（无贬义）是也。

自作多情地阅读与解读《老子》，何等的精神享受！

伟哉老子！他提供的不是排他的结论，不是计算得数与实验报告，不是定理公式处方，不是几句名言几条教训几项生怕被误解了的规定。《老子》乃是一座精神的殿堂。不仅是殿堂，而且是一个精神的园地，一个智慧的操练场与游乐场。

你要在这里练一练吗？

第二十一章 惟恍惟惚

孔德之容，惟道是从。

道之为物，惟恍惟惚。惚兮恍兮，其中有象。恍兮惚兮，其中有物。窈兮冥兮，其中有精。其精甚真，其中有信。

自古及今，其名不去，以阅众甫。吾何以知众甫之状哉！以此。

最根本的大德，是什么样子的呢？可以说它的首要之点，在于决然地服从大道的指引，与大道一致。

道这个东西，具有不确定性、飘移隐现，摸不着抓不住。说是恍恍惚惚若隐若现的吧，自大道中却生成着万象。说是惚惚恍恍若有若无的吧，自大道中却产生着万物。说这个大道深远难见吧，其中自有精华元素。而且这种精华元素真切可信，它是有效的、好用的。

从古至今人们都知道大道的美名——范畴，大道的美名永存永在。从大道出发，以大道为依据，去观察万物的初始化。怎么样才可能去知晓万物的初始化——本源呢？就靠大道。

这一章对道的讲述非常重要也非常精彩。

第一，惚兮恍兮，其中有象。恍兮惚兮，其中有物。窈兮冥兮，其中有精。这样一种描写，这样一种想象推测（只可能是想象推测，老子的时代不可能有涉及宇宙发生、星球生灭、天文学的任何望远镜观看、图片、数据），十分天才，十分有理。它与他身后两千余年后的从十八世纪到二十世纪的星云说比较接近。不论是康德、拉普拉斯、魏扎克、霍伊尔、阿尔文还是我国的著名天文学家戴文赛的关于星云旋转、集中、收缩、冷却、坍塌、扁平化的假设，还是关于宇宙微粒子（其中有精！）的学说，都有与恍惚说相似之处。这说明了老子的发生学想象、发生学假说的天才性。

第二，在老子的关于道、关于玄德、关于谷神等的把握中，与西方的分析性思维不同，它追求的是概括与统一。

其一是存在与本质的统一。道的惚恍、冲、渊、夷、希、微，似有似无，亦有亦无，如风箱，如玄牝，若水，是世界存在的恒久形式、普遍形式、根本形式，所以也是存在的本质所在。其中有象，其中有物，其中有精。而道的自然、无为、不仁、不争、功遂身退、无尤、昏昏、闷闷、不可道、不可名、守中，玄之又玄，众妙之门，则是世界的本质，也是世界——道的结构、观感与形象。在这个意义上，对于老子来说，世界就是自然，也就是道，三者统一同一，互相渗透，互相整合。

其二是大道的本体、本容与本源的统一。大道既是世界的本源、发生，初始化也是世界的本来面貌、本来质地的最高最广泛的概括。有的大学者（如冯友兰）讨论的是道之为物与道之生物的区分，认为老子在此章中讲的是道之为物，即道的本体本容，而不是讲道者万物之源也。其实，对于老子来说，对于东方式的本质主义与一元崇拜来说，这样的区分既不必要也不可能。同样，在《老子》一书中，他强调了道生一，一生二，二生三，三生万物。道之为物就是道之生物，甚至于我们也不妨考虑研究物之生道的命题的有效性。物是万物，道是那个最最精彩的一。一就是多，多就是一。郭沫若的诗中也曾歌颂过一的一切与一切的一。对于老子来说，道既是抽象的，又是如宇宙微粒一样的具体的。

为什么叫惚恍？就因为它统一了本源、本原与本体。

其三，它统一了道、德、天、自然等概念，一而同之，强调了它们的同一性与唯一性。当然这里也有一点破绽，

因为老子否定过德，就是他讲的『失道而后德』，也可以为之打一个补丁：他后来强调的与大道一致的不是一般的德而是玄德——最深刻最本质最核心的德。他否定的则是带有人为色彩、人工推行色彩的所谓德。

其四，它忽略了、超越了物与心、客观与主观、有神论与无神论的差别，也统一了人们对于世界与人类的基本认知。就是说不但大道与世界与万物可以统一，与人也可以统一。一个圣人，一个得道之人，他的豫兮、犹兮、俨兮、涣兮、敦兮、旷兮、澹兮、混兮以及其他诸方面，本身就是道的作用与道的证明，他就是道的载体。

第三，老子的这些认识，既是先验的也是概括的与经验的。他自以为可以超越先验与经验的分野，超越（宗教）信仰、哲学、审美以及与逻辑论证的差别。它凸显了中国式的整体的一揽子的思维方法。它的论述抽象玄妙，大而无当，是哲学无疑却又如教义之玄妙，有诗的韵律、美妙与魅力，却又诉诸理智与抽象思维，既难以论辩，又不乏例证，如关于水、天、刍狗、玄牝、风箱、功遂身退等的富有生活气息与经验内容的比喻。老子的惊人的高论至今给人以启迪与智慧，我们当然会越来越重视挖掘这一难得的精神资源，同时，我们却又不可以满足于空对空的概念置换，浅尝辄止，不可夜郎自大，不可忽视现代的与世界的新知新论的充实、补充与发展。

第二十二章　曲全枉直

曲则全，枉则直，洼则盈，敝则新，少则得，多则惑。

是以圣人抱一为天下式。

不自见，故明；不自是，故彰；不自伐，故有功；不自矜，故能长。

夫惟不争，故天下莫能与之争。

古之所谓：曲则全者，岂虚言哉！诚全而归之。

能够忍受委曲，那么反而能够保全、成全、完成一定的目标。能够不拒绝退让、弯路与变通，反而能够比较平直地到达目的地。能够谦虚与自居低洼，聚集的东西与人气反而充盈。能够爱惜陈旧珍重历史，反而能做到更新图新立新求新。少要求一点，少一点贪心，反而能够多得到一些收获。而活动太多说话太多要求太多算计太多的结果，只能是增烦添乱，不知所措，一事无成。

所以说，圣人是有一定之规的，他坚持他的始终如一的原则和道路，就能够成为天下的榜样范式。

不要老是盯着自己与一味表现自己，看什么想什么都会更明明白白一点。不自以为是，所以能够有影响有威信。

不自吹自擂，自我表功，所以才真有贡献。不自高自大，所以形象高大，能带动旁人。正因为他不去争夺浮名小利，所以天下没有什么人是他的对手。

古人就有此一说：委曲方能保全，这并不是空话，它的效验已经得到了充分的证明。

这一章是会引起争议乃至抗议的，因为老子只讲委曲求全的道理，全然不讲抗争，不讲知其不可而为之的执著，不讲我不下地狱谁下地狱的使命感，不讲宁折不弯的气节，不讲牺牲献身的不可避免与当仁不让，不讲甘洒热血写春秋的壮志豪情，没有英雄主义与壮烈精神。它甚至涉嫌苟且偷生的懦夫哲学。

这里有一个前提，春秋无义战，我们不能用今天的大是大非的两分法来分析老子所面临的种种情势。

其次，我们从这一章的论述中可以看出老子的时代、老子的政治社会环境是何等险恶。老子对于自己的智慧与见地充满信心，但是对于自己的力量，对于他所处的环境是否那么讲道理、讲仁义则全无信心。他看透了兴亡盛衰沉浮成败的瞬息万变、物极必反。他看惯了看透了那些急于求成者、自我兜售者、霸气十足者、蝇营狗苟者的红极一时与狼狈下场。他不能不发出忠告，奉劝那些小打小闹、啰里啰嗦而又偏执狭隘、鼠目寸光的家伙，还有那些轻举妄动、自命不凡、大吹大擂、牛皮烘烘的伙计清醒一点，冷静一点，克制一点。

有什么办法呢，两千五六百年过去了，老子的劝告对于这样的生生不已的庸人蠢材还是不无参考价值的。

邓小平在一九八〇年夏回答意大利女记者法拉奇的提问时，讲到周恩来与他自己的时候的一些说法，可以作为《老子》的这一章论述的理解与参考。这里也有一个前提，周恩来与邓小平面对的不是蒋介石国民党，而是革命成功后的自己的党与领导人毛泽东。他们的选择只能是曲则全，枉则直，洼则盈，敝则新，少则得。在讲到自己的三起三落的『秘诀』的时候，邓小平强调的是『忍耐』。

绝无老庄传统的西方世界对于忍耐，则也有所提倡赞扬。应有的忍耐，也可以为普世所接受。

因为世上的许多道路都不是笔直的。许多理所当然的好事，做起来也要付出时间，付出代价，经历艰辛，经历曲折。

当然，我们尊重抗争者与牺牲者，例如张志新与遇罗克，我们也同时能够理解忍辱负重与委曲求全的人尤其是领导人的决定作用与实际成效。我们不能认定只有一种选择，只有一种模式。

说到『敝则新』，相当令人叹息，『文革』当中大吹新生事物，把乌托邦的东西、个人迷信的东西当做新生事物。同时视旧视古如敌。看来仅仅新不新、旧不旧，并不是价值判断的标准，新底下还有本质，是真正的新生事物还是腐朽封建的东西借尸还魂，那是需要鉴别的。

同时新与旧并非截然对立。对于历史的珍重，历史主义，恰恰是比较新的观念、新的风尚；而浮躁求新，浮躁弃旧，恰恰是过了时的愚蠢。

至于『不争，故莫能与之争』的命题，太精彩了。这里有一个道的问题，即认识客观规律的问题，一个人的一切，不是争出来的，而是看他的实际与实绩，看他的品格、智慧与事业。当然还有机遇，还有外界的不确定因素。『新飞广告做得好，不如新飞冰箱好。』你争得再有效，也不如你的存在你的性能你的纪录更有说服力。一个锱铢必较的人，不可能是一个大气的、有信心有把握有格调有形象的人，而只能是一个私心太重、心胸狭隘、一瓶子不满半瓶子晃荡的《红楼梦》里的赵姨娘式人物。赵姨娘的特点是夫唯必争，故什么也得不到；夫唯皆争，故什么也做不成；夫唯乱争，适成笑柄。

我还有一个很个人的体会。你有时间去争吗？有那个时间，你又可以多读多少书，多思考多少问题，多写多少作品，多出多少活儿！哪样的效益大，哪样的努力划得来，哪样的时间支出更加经济？还用问吗？

莫能与之争的说法颇有些幽默。争夺、计较是会引起恶性循环的。你争的结果是他争，他争的结果是她争。争，还能变成恶性破坏。我得不到了，反正也不能让你得到，最后争个两败俱伤，这样的例子还少吗？

而我偏偏不争，你的那些与我争的伎俩，不都是无的放矢、与风车作战了吗？你争什么，吾兄，好好好，全归你好不好？我要的只有格调，只有实绩，只有大道，只有生命的真价值、真意义、真快乐。

你争的结果是一肚子气，是一脑门子官司，是一百个想不通、一千个委屈、一万个天怒人怨。

我不争的结果是明朗的心态与可能的最好的果实。

当然这里说的争是私利之争，不是为了真理为了人民而斗争。

再说，人性中有一种为争而争的无聊冲动，连争蝇头小利都谈不上，而是意气之争，字眼儿之争，打镲（意为驴唇不对马嘴）之争，取笑之争，为了显示自己而强词夺理之争，恶评酷评之争，吃饱了撑的之争，穷极无聊、无事可做之争，怕别人忘了自己之争。夫妻间就难免这种争执，还有一种叫做姑嫂勃谿、婆婆与媳妇之争。文人间文坛上也多有这种争执，更有无聊小文痞以与比自己个头大的人争为出道捷径。你能奉陪吗？绝对不能。只能以不予置理对待之。

还有一个体会，带棱带角地发表自己的见解是可以的，却完全用不着辩诬。如果他要诬，就完全不是一个言语文字逻辑的争论，而是另有背景，另有出发点，与之讲道理掰逻辑是无效的。而且事物的本来面目不是任何别有用心的诬陷所能改变的，最好的办法仍然是埋头耕耘，培植与收割自己的作物，争取自己的丰收，显示自己的包容与宽大。

和辩诬同样忌讳的是纠缠不休的争论。许多事争起来是完全没有用的，百分之百的有理照样有可能面对胡搅蛮缠者而一筹莫展。原因在于，一个人的主张荒谬，立论失当，恶意攻讦，不按真理，其实质原因常常既不是逻辑问题，也不是实证或材料搜集方面的问题。热衷于争者口头上说的笔下写的一套，并不能说明他的固执己见的真实原因，更不一定是全部原因。谁也不要企图通过辩论改变谁影响谁，甚至众多的旁观者也早就不会根据辩理的情况决定自己的取舍了。表面上的道理、考据、事实之侧面、角度之争的背后，往往是利益之争、意气之争、派别之争、背景之争。只有傻子才耽于争论，误了一切正事正业。

不争的结果还是最好的回应与过招。你把蝇头小利、浮名虚势看得重如泰山，我看得轻如鸿毛，我根本不予置理，你还能怎么样呢？你什么都争的结果并不可能给你添加一斤一两，而我的不争只干的政策，不是反而处于不败之地了吗？

老子此章的用意在于以无成有，以退为进。你在功名上、俗务上、金钱上、风头上退了，无了，曲了，枉了，洼了，敝了，少了，你在事业上、学问上、智慧上、境界上、大道上、贡献上才能有所进取，有所获得，有所创造，有所作为。当然给赵姨娘式的男人与女人讲这样的道理，是对牛弹琴了。然而这样的事例与成效无数，岂是虚言！

至于不自见，故明；不自是，故彰；不自伐，故有功；不自矜，故能长。老子判定，一个人最大的障碍有可能是他自己，光注意表现自己兜售自己了，他能看明白这个世界吗？他看得明白比他强的人士、比他所懂得的更高明的道理吗？光自以为是了，自己掉在自己的坑洼里了，他身上还有什么值得彰显的光辉吗？只知道吹嘘表白表功的人，谁愿意承认他的功绩？越是自高自大，越是得意洋洋，越是压人一头，越是无人买账，这样的事情还少吗？

老子对此也有一番感慨，就是自己挡住了自己的道路，自己蒙上了自己的眼睛，自己堵上了自己的耳朵，自己使自己变得可笑兮兮，孤家寡人，脱离大道，脱离生活，脱离人群。

老子说古代就有曲则全的说法，这不是虚话。这说明，老子的思想也是有根基的。中国民间过去或此后都有类似

的总结、类似的例证。如大丈夫能屈能伸，如欲速则不达，如小不忍则乱大谋。如韩信的受胯下之辱。如范雎的佯死，更不要说越王勾践的卧薪尝胆了。

第二十三章　飘风骤雨

希言自然。

故飘风不终朝，骤雨不终日。孰为此者？天地。天地尚不能久，而况于人乎？

故从事于道者，同于道。德者同于德，失者同于失。

同于道者，道亦乐得之；同于德者，德亦乐得之；同于失者，失亦乐得之。

信不足焉，有不信焉。

少说话少折腾少生硬干涉才符合大道自然运行的规律，也才留下了大道自行运动的最好的空间。

风刮得太猛，往往不到一个早晨就停下来了。雨下得太大，也很难连下一个白天。谁把它们停下了呢？天与地。

天与地都不能用力太过太久，何况咱们人类呢？

所以说，你如果力求按大道办事，你也就要或一定会与大道相一致。你力求按大德办事，你也就要或一定会与大德相一致。你行事失去了道与德，那么错失也就与你相一致。你与大道一致，大道也就乐于得其所哉——运转于最佳状态。你与大德相一致，大德也就乐于得其所哉——发挥于最佳状态。你与错失相一致，错失也就乐于得其所哉——

惩罚你于应有应得的状态。

他们（那些与错失一致而背离了大道大德的人，尤其是统治者）缺乏公信力，老百姓信不过他们。

从这一章可以看出中国式的毋为已甚、适可而止、留有余地直至中庸之道的内容。不要用力过猛，不要用力殆尽，不要人为地闹哄咋呼，不要动辄暴风骤雨，要悠着劲来，要有长劲，这是老子的忠告。

中国古代少有权力制衡、社会制衡的传统与观念，但是中国人特别体会得到在时间的纵轴上的平衡：叫做三十年河东，三十年河西，叫做物极必反、分久必合、合久必分；叫做否极泰来，时来运转；叫做阴阳协调，一阴一阳谓之道；叫做天网恢恢，疏而不漏。所以我们较早发生了中庸思想，不走极端，免得若干年后再往另一面偏。同时中国人也较早就主张和谐与平衡，阴阳协调，各得其所。老子以狂风暴雨为例说明天地做事也不是一味走极端走单一方向，人类行事更要考虑到诸多方面，不可强行推动，不可一意孤行，不可逆天逆民而动，不可赶尽杀绝，不可将事做绝。

中国的古代，儒家提倡的是通过道德、礼法来制衡权力地位，失去了道德礼法也就失去了权力的合法性，不按理法办事也就失去了管理的合法与有效性。

老子则是企图通过哲学，通过大道的宣示与理解来克服苛刻烦琐勉强主观失度的苛政与蠢行。可惜的是，老子讲的这些仍然是偏于理想化的。同于道者，道亦乐得之；同于德者，德亦乐得之。这也是中国人的尚同思维方式之一例。你靠拢认同A，A就喜欢你；你喜欢B，B就认同你靠拢你。既然A→A′，那么A′就一定→A。其实这样的逆定理未必成立。你自以为是靠拢道与德，但事实证明道与德并未与你亲近合一，你追求道与德，偏偏有人认为你无道缺德，

这样的事也是可能发生的。

老子式的道德治天下的范例太少了。春秋战国也好，其后的秦汉晋隋唐宋元明清民国也好，至今并没有哪个政权哪个个人是仅仅靠虚静无为柔弱退让取得了成功的。知识分子的求道学道的成效更不明显。你自以为爱道求道，但是道未必向你现出笑脸，而是嘲笑并惩罚你的书呆子气，这样的例子比同于道而道亦乐得之的例子更多，比如魏晋名士的悲剧命运，比如近现代中国许多知识分子的命运。

当然，同样也没有哪个政权哪个个人是仅仅靠生拉硬拽、强迫命令、狂风暴雨就能做到国泰民安事业有成的。革命高潮夺取政权时期，大讲反对中庸，反对费厄泼赖，提倡完全彻底干净地消灭敌人，号召『让暴风雨来得更猛烈些吧』（高尔基），是有它的历史特色与时代背景的，是有它的规律性的。革命胜利了革命的人民取得了政权了，必然会有新的考虑。

这里还有一个帮助与启发。从飘风骤雨的例子中，我们可以讨论一个社会生活或我们的事业的高潮化与正常化的命题。夺取政权的革命，是有高潮的，是在高潮中取胜的。对于这种高潮的自豪的记忆，这种高潮化的历史惯性，会鼓励我们总是想在不断涌现的高潮中跨步跃进。但是建设新社会，尤其是经济建设，不可能总是人为地采取掀起高潮、延续高潮的办法。改革开放前，经济与社会政治生活中我们数度呼风唤雨，掀起高潮，付出了太多的代价。比如名著《中国农村的社会主义高潮》，比如『反右』完了就唱上了『掀起了社会主义建设高潮』，比如『大跃进』，比如『文革』。而我们现在很少讲什么掀起高潮，而是讲可持续发展了。

偏偏现在有些迷恋于老经验的人认为是进入了『革命的低潮』。他们如果能够多少听取一下老子的见解，不是没有帮助的。

更正确的选择是做到有为与无为、道德与实力、雄辩与慎言、虚静与强健、妥协与坚持、委曲求全与直道无畏、适可而止与锲而不舍的互济互补互通互动。老子的片面的深刻性，仍然是极有意义的精神资源之一种。

相对地说，老子反复强调身全、无尤、身先、无死地（见后），给人以过分重视自我保护而缺少献身舍身的精神了。这就看你怎样去理解怎样去汲取了。不要忘了老子也有另外一方面的话——民不畏死，奈何以死惧之，这些都是后话了。

第二十四章　企者不立

企者不立，跨者不行。自见者不明，自是者不彰。自伐者无功，自矜者不长。

其在道也曰：余食赘形。物或恶之，故有道者不处。

踮起脚跟来拔高，很难站立稳。跨越式的走路求快，很难用这种方式行路赶路。自己总是表现自己，急于兜售己见的，未免糊涂不明白。自以为是的人，总是要让别人承认自己一贯正确的人，反而不可能光耀彰显。自吹自擂的人不会有多大功劳留下或被承认。骄傲自满的人，得不到（长久的）尊敬与服膺。

从道的观点来看，上述这些强求与自我中心的多余表演，就像剩饭或者赘疣一样，只会令他人烦厌。所以真正掌握了大道的人是不会这样干的。

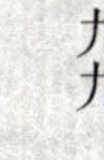

这一章老子为我们勾画了一幅反面教员的形象图。你有多高矮就是多高矮，踮起脚尖来能算数吗？走起路来，勉强地迈起超过你的下肢的可能性的大步，一时可以，以此赶路，就太小儿科了。至于自见自是自伐自矜的人，太多太多。这样的事情像是剩饭吗？可能是说它气味恶劣，品质恶劣，添乱添堵。这样的可笑的行为像是赘疣？则是说它完全无用、多余，只能添丑添病。而这样的弱点又是太普遍了。

人为什么会自己欺骗自己呢？人为什么总是易于觉得自己比别人正确比别人强呢？人为什么又总是心存侥幸，老是觉得好运会降临到自己头上呢？为什么人常常会使自己变成剩饭赘疣一样地讨人嫌呢？

原因在于人总是在自己身上用力太过，强努太多，希图侥幸太一相情愿。美容美过了头，变成毁容。吹嘘过了头，会变成丑角，叫做丑态百出。强硬太过了，变成僵化。说话太过了，变得失去公信。转文太过了，变成食而不化。喊叫太过了，变成声嘶力竭、向隅而泣。整人太过了，变成迫害狂。弄巧反倒成拙，恃强反而坚持不下来，诉苦诉得强词夺理、令人厌烦，上纲上得装腔作势、令人耻笑……这样的事无数无休。何不好好想一想？

其实大道是至上的，大道是管用的，大道是永存的。同时，请注意：大道又是惚兮恍兮的，是不确定的，是不仁的，是以万物为刍狗的。大道本身的运转，大道本身的万象万态，包含了也决定了人的犯错误、走极端、远离大道的可能。飘风不终朝，骤雨不终日，企者不立，跨者不行，自见者不明，自是者不彰，自伐者无功，自矜者不长，还有某些无道者的变成、成为余食赘形，这也是大道。大道决定了会有人失道、悖道，自取其辱，乃至自取灭亡（按：这不是老子的原意，而是我的发挥感慨）。

人的这种踮脚拔高之意，跨越求捷之心，这种自以为是、自高自大的毛病，正是人自身也惚兮恍兮不明不彰失道缺德的表现，是天地不仁的表现，是一些人确如刍狗、切不可自视过高的证明，是难免刍狗般毁灭掉的依据，是大道渊深玄妙非可道也的表现。在学道习道闻道的过程中没有深刻与不无痛苦的反思，又怎么可能把握大道呢？

大道中有模糊也有黑洞，有一种可能也有另一种可能，有正面也有反面，有美善也有不美不善。学道也可能走火入魔，误入歧途，适得其反，祸可以生福，福可以变祸。不确定性，这也是大道的特点特性之一。

所以更不能踮脚求高，跳跃行路，不能自我过于膨胀。

现在回过头来研究天地不仁、万物刍狗的命题，其中同样包含着劝诫世人不可自视过高、不可自命不凡的警世之大义。

《老子》中包含了不少关于如何做人的忠告，他偏重于劝导人们要谦卑、退让、委曲求全、示弱、不争、不言或者希言少言，等等。这虽然是偏于一面的道理，但是不无参考的意义。如果想到他的进言主要是针对统治者，我们也许能更好地体会他的苦心。

第二十五章　道法自然

有物混成，先天地生。寂兮寥兮，独立而不改，周行而不殆，可以为天下母。

吾不知其名，强字之曰道。强为之名曰大。大曰逝，逝曰远，远曰反。故道大、天大、地大、人亦大。域中有四大，而人居其一焉。

人法地，地法天，天法道，道法自然。

有这么一种东西，它包罗万象却又浑然一体，你无法对它进行切割与分析性的把握与研究。在天与地尚未分离清晰、天与地尚没有形成的时候，这种东西已经诞生了。它没有固定的刚性的形体和响动。它无声无息，既是可变的不固定的，又是独立运转，有自己的准头与规律，不会改变自身的运动的方向与节奏的。它循环往复，无休无止，可以说它就是天下的母体、起源、初始化。

我不知道应该将它归入何种概念，怎么样去称呼它才好，勉强给它起一个名字，叫做道。再费点力气解说一下，它是广大博大无限大的；博大了就瞬间万里，运行不息；运行不息了就深远渺茫，走得深远渺茫了就又返回自身，回到起点，周而复始。

所以说道是伟大的，天是伟大的，地是伟大的，人也是伟大的。世界上有四种大，道、天、地、人，人是四大之一。人要按照地的法则做人行事，地要按照天的法则为地，天要按照道的法则为天，而道呢，它遵循的或实行的是自然而然的运作法则。

这一章非常重要。第一，它说明道的产生先于天地，老子将天地视为次生概念，而将道视为原生概念：道是永恒的，是先天先验的；而天地是后来的，是逐渐形成的。这很精辟，比天不变道亦不变的说法精彩得多。

其次，它明说了道是混成的。混成，在混沌中自然生成，这是一个重要的概念。混一、混和、混元、混生等词，都包含一种原始、原生、先验、泰初、根本的含义，混字是最接近道的词之一。此前的第十四章，已经讲了混而为一。

哲学家面对的世界，一面是万物，一面是一。用黑格尔的话来说，一面是杂多，一面是统一。怎么统一起来的呢？老子说是混而为一。能将万物混而为一，这是哲学家的本领，这是道的运用。道的功用在于，它不但能使万物分离开来，更能使万物混一起来。重视概念的归属与提升，重视寻找一个万能的钥匙，希望能抓住一个牛鼻子，一个穴位，乃无往而不利——包括为政、习武、作战、求学，一通百通，一胜百胜，所以特别重视混和成一的命题，这是我们的传统文化的特色之一。

混的意思包含着无定形定量定位，弹性，变易性与模糊性，容受性与可塑性。

越是混沌，就越是无以名之。无以名之而名之的结果，是强为之字，勉强为它起的所谓『道』这个表字，未必准确和理想，未必百分之百地妥帖。姑妄字之，是正式的称谓之宾，是代称谓。

这正是《老子》开宗明义，在第一章先强调它是不可道，不可命名，不可言说的原因。所有的有关论述，也都不是理想的、清晰的、足以说明道的特质的。

没有理、化、生的可验证性，没有史、地的确定性，没有数学与语言文学的完备与充实性，没有儒家教导的生活性规范性，这可以说是老子之学的一大遗憾。但从另一方面来说，它反证了道的精微伟大，它是实大于名，实超过了名许多许多倍。它是一切言语所难以表达的，是一切命名所不能完成的超概括、超伟大，是永远完成不了但又永无停止地趋向于无限大的∞，是趋向于神性而不全是人间性概念。你可以充分运用自己的想象力、抽象力与感悟力去接近这个道。

此前老子已经讲了道的玄妙、夷、希、微、冲……这是讲道的质地。老子又讲了若水、虚、静、婴儿、居善地、心善渊……这是说明道的品性德行。讲了道的玄牝、橐籥、动而愈出……是讲道的效用。这一章讲了道的大、逝、远、反，则是讲道的格局。

大是讲涵盖性，逝是讲变易性，远是讲深刻与恒久性。道越是深刻，离日常经验与皮毛浅见就越远。反则是讲逆向性与循环性。任何事物的运转，都不是单向的矢量（一个单纯的箭头），万变不离其宗，物极必反，这是中国老祖宗早已琢磨出来的万物万象的特性。

所以中国人喜欢与崇拜圆形，相信万物周而复始，一元复始，万象更新，万物万象无始无终。

再往下是道天地人『四大』的概括。比较起这个『四大』来说，更被中国人普遍接受的是『三才』即天地人，或天时地利人和说。《易经》的《说卦》第二章上说：

> 昔者圣人之作《易》也，将以顺性命之理。是以立天之道，曰阴与阳；立地之道，曰柔与刚；立人之道，曰仁与义。兼三才而两之，故『易』六画而成卦。

而孟子的说法则是：

> 天时不如地利，地利不如人和。

就是说，广大中国人长期以来，在主流儒家文化的指引下，认为世界是由天地人三个维度组成的。这不是几何学上的三维空间，而是哲学社会学上的三维世界。国人还常常在讲天的时候将天道与历史的发展趋向、命运或所谓气数、阴阳之理与盈虚之辨结合起来。也就是把天与时间、时代的因素放在一起考察，说一个朝代或一个人物气数已尽，是说它或他（她）的时代已经过去了，天意已经变化，不在它、他或她这边了，所以叫做天时。

在讲地的时候则将地与资源、地形利害与地域文化、刚柔之相济互补结合起来，所以叫做地利。而在讲人的时候，国人更重视的是群体，是群体的团结程度与组织程度、和谐程度与集体行为的效能，还有群体的素质，尤其是其仁义道德的化育程度，所以叫做人和。

简单一点说：天指时间。天是历史性时间性宿命性先验性概念。地指空间。地叫地利，是空间性位置性客观性实用性概念。人指社会政治文化。人叫人和，是文化性道德性可塑性可为性概念。

古人的天地人三才说还是很周到的，人搞得再好历史时机不对，照样一事无成。地理空间条件不具备，你也会事倍功半，达不到预定目标。人当尽力，同时人当正确地判断自己的时间空间条件、限制性与机遇。

还有一个说法，最早见于孟夫子，他说：『天时不如地利，地利不如人和。』因为人与人最近，其次是地利，再其次是天时。人的因素才是人最可为、最能起作用的。天时不对，地利不对，你能做的事有限，你能做的只能是等待时机或转移地点。人的因素不对，责任在你，作为在你。

但真到了关键时刻，人们会说『天亡我也』或『天助我也』。天似乎最后仍然起作用。

老子这里则加上了大道，因为老子认为天与地与人的统一性在于道，道乃是最高最伟大的概括，是至上的本质。天地人『三才』是看得见的，是清晰的感觉与思索的对象。但如果没有道，就无法将天地人『三才』统一起来，统领

起来，就说不清万象万物的本质与本源。而没有天地人，大道也就成了空洞的想象遐思，成了不但无以名之，也未必有之的空对空了。

印度也有地水火风之『四大』说，所以佛教要讲『四大皆空』。与之相呼应的是我国的金木水火土『五行』说。反观老子的『四大』，道天地人，则是以道统率『三才』世界的结果。

同时，老子并不将抽象大道与相对具体的天地人三者对立起来，他称颂四者皆大，他追求的是四者的统一而不是分离。

再往下讲，道、天、地、人四者是什么关系呢？

人生活在地面上，所以要取法于地，要厚德载物，要勇于承担，要谦虚与眼睛向下，要刚柔相济，同时要注意一切举措符合本地的地缘与地理特色。天覆盖着地面，比地高耸而且广大，对地居高临下，所以地要取法天，不论你解释天是行健的，自强不息的；或是不仁的，视万物如刍狗的；或者是无言的，不言而行大道，不言而明日月。地要根据天时的变化季节的变化而调整自己。

天地人『三才』的总主导总概括总根本则是道。

人也大起来了，与前边说的万物与百姓刍狗论是否有悖逆呢？看你怎么理解了，人的一切也是体现了大道的，体现了大道的一切都是伟大的。如果刍狗说是真理，是大道的体现，是大道的独立不改的运动方向与节奏，那么刍狗说也是伟大的。刍狗通大道，刍狗亦大，刍狗之毁灭亦大（参考印度教之阿湿婆神乃最伟大的毁灭之神说）。

在这里，我们还要想一想，尤其是对于老庄来说，伟大与渺小本来就是相通的。对于无限大的道来说，银河系也是渺小的，趋向于零蛋的。而对于具体的万物来说，芥子也罢，孑孓也罢，都是难得的伟大存在，也都体现着本质，都是大道的下载，都是大道的显现，都是宇宙万物的一个微粒，都是要多伟大有多伟大，要多渺小有多渺小——伟大即渺小，渺小即伟大。认识到自己的渺小，那正是靠近了大道的表现，也就成为通向伟大的道路了。

同时，不论人怎么伟大，在『四大』中，它处于末位，人仍然不能够太翘尾巴。

道法自然的说法则更加重要。这里的自然与今天通用的名词——主要是为了与人文创造的一切区别开来而称的『大自然』的含义不完全相同。

老子的『自然』主要指的是一种状态，即自己的自然而然的运动，指的是自行运动变化存在或不运动不变化而存在直到不存在、消失灭亡，不必要也不可能人为地去改变它们的自然状态。

这样的解释，又使你觉得当年的『自然』与今天的所谓『大自然』不无相通之处。道是自然的，不受意志、价值、文化、权势、科技与才能的左右。它不具有人格化的选择的空间，不具有倾向、爱憎、善恶、情绪、愿望。它只能自己运动自己的。这样的自然说，更客观也更冷静，它包含着一种冷伟大、冷权威、冷神明。

体会清楚这样一个『法自然』的冷大道，少一点热昏与痴迷，还真够读者喝一壶的。

这里有一个问题，按老子的学说，道是至高无上的，是至大无边的，是至远无端的，是循环往复的，是无限大，是最最本初的。天地有无，都是产生于道的。为什么这里突然出现了一个『自然』比道还『高』还伟大还厉害呢？而

且只此一处，讲的内容似乎是说自然是道师法的对象，何也？

我的个人心得是：法者，可以解释为师法，及物动词；也可以解释为法则，抽象名词。人师法地，同时人的法则等于地的法则。地师法于天，同时地的法则等于天的法则。天师法于道，同时天的法则等于道的法则。那么道的法则呢？道的法则就是自然而然，自己运动，自己存在，自己成为这样那样。

道法自然的最好解释是：道的法则乃是自然而然的运动。道的法则是自己运动。

当然也可以说道师法的就是这种自然而然地运动的法则，或者说道的师法对象是自然而然的运动，或者说道取法于自然而然的运动。

列出式子来，则是人→地→天→道=自然。道对自然的『法』，与人→地→天→道的师法，不是相同的概念。

人→地→天→道=自然的说法本身就像一个圆，而不是一条矢量直线。因为道的自然特性，包含着万物，应该说也包含着人、地、天。道是世界的本质，自然是道的本性，比大、逝、远、反更根本的本性。道伟大，自然伟大，天伟大，地伟大，人也可以随之伟大。

人的伟大与否，在于你对道的体悟的深浅多少远近。

道法自然的说法，同样是为了令人平和冷静、令人尊重万物自化的法则。

第二十六章　重为轻根

重为轻根，静为躁君。

是以君子终日行不离辎重。虽有荣观，燕处超然。

奈何万乘之主而以身轻天下。轻则失根，躁则失君。

持重（厚重、远见、谨慎、从容不迫）是轻快行事、灵活机动的基础，冷静（平静、深思、理智、周全）是热烈（躁动、冒险、急切、勇敢）的统帅。

所以君子（一说为圣人）整天不离开准备好粮草的载重大车。不管有多少荣华富贵，都以平常心处之超然，不在意这些身外之物。

可为什么身为相当规模的大国之君，却还动辄轻举妄动呢？太轻（轻佻、轻率、轻薄、轻易）了就没有了根基，太躁（急躁、浮躁、焦躁、躁动）了就失去了主心骨。

这一章讲的与风度问题有关。这里的风度不仅是举止风格，而且是人生与做事的态度。

其中对我们最有帮助的是，一要固本，强壮根基。二要沉着，不要走失迷误。三是严忌轻举妄动。

对于一个人来说，根基是他的品格、境界、高度、学养、经验，是他近道明道行道的程度。这些如树之根，如建筑之基础。而他的事业、成就是他的果实。名声、形象、人气，是他的花朵。背景、助力、支持、影响，是他的枝叶。根没有长好，却又雄心勃勃，犹如无根之木，越想开大花结大果就枯萎得越快。

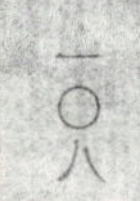

而沉着是有主心骨的前提。这是一个心理素质问题，也是品格境界与能力问题。其关键在于不要让人的弱点诸如私心杂念、情绪化、嫉妒心、贪欲、野心黑心恶意等影响了你的明道的可能。

人众常讲的沉住气，其实就是静为躁君的意思。可以想象春秋战国的征战、阴谋、赌博、僵持不下的背景下，人们尤其是统治者，他们是怎样地心浮气躁，心慌意乱，急于求成，贪功惧过，错误百出，昏招迭现。在这种争夺混战的热昏状态下，老子提出的冷处方，不是没有针对性的，它完全有可能成为一剂苦口的良药。

有根基，有主心骨，就有远见，有准备，有立于不败之地的修养，这正是老子的理想。正如圣人或者君子，正如圣明的国君、统帅，他们随时做好了应变的准备，不离后勤车辆，不离后勤保证，不脱离脚踏实地的状态，而对到了手的荣华富贵一笑置之，决不沉溺于忘乎所以，决不悬在半空中自取灭亡。

反过来说，轻率、轻浮、轻飘就没了根基，就容易被外力推倒、拔起、被颠覆掉。而躁动、急躁、焦躁、热昏，就抢劫了主心骨，失去了统领，叫做失控。

这样一个关于轻重、静躁的论述，也差不多是中国文明的传统，儒家与历代名人名臣名相也是这样讲的：所谓每临大事有静气，所谓猝然临之而不惊，无辜加之而不怒，所谓麋鹿兴于左而目不瞬，泰山崩于前而色不变，以及戒骄戒躁等，已经被全民族的文化传统所认同。

这里还有一个说法值得琢磨。在谈到例如今日之『精英』一词时，老子喜欢有的地方讲圣人，有的地方讲士，有的地方讲侯王，但此章讲的是君子。因为此章讲了风度问题，而风度如何是判断是否君子的重要标准。西人喜欢讲绅士，

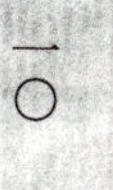

绅士的直译是轻柔的男人，是指一种文明温和礼让与小心翼翼的风度。老子所主张的君子的风度则是厚重与冷静，不轻率轻浮轻飘，不急躁狂躁躁动，他强调的是不轻举妄动。孔子有言：『人不知而不愠，不亦君子乎？』他强调的也是宽容与平静，与老子的主张乃至西方的绅士一词有兼容与一致的地方。起码是不苟怒，不轻易生气，更不会以怒压人。

顺便说一下，对于儒家来说，君子似指一种理想的人格。对于道家来说，君子应该是近于道的人。而在古汉语中，君子指的是什么都通什么都会的人。

第二十七章　善行无迹

善行无辙迹，善言无瑕谪，善数不用筹策，善闭无关楗而不可开，善结无绳约而不可解。

是以圣人常善救人，故无弃人。常善救物，故无弃物。是谓袭明。

故善人者不善人之师，不善人者善人之资。不贵其师，不爱其资，虽智大迷，是谓要妙。

善于行路或善于做事，美好的行为，都不留下多少痕迹，不闹出多么大的动静。善于说话或美好的话语，都无懈可击。善于计算或最佳数值，都不需要筹策即古代计算器的运用。善于关闭或最可靠的闭锁，不需要门闩等器具，却谁也打不开。善于系扣或者最结实的死扣，不需要绕来绕去，而谁也解不了。

所以圣人善于救人助人，世上乃没有被冷淡被抛弃的废人。善于救物，也就没有被抛弃的废物。这是深藏的、深刻的明智。

所以说善于助人的好人，是不善于助人的不好的人的老师。不会助人的不太好的人，则是好人的借鉴参考。如果你不珍贵你的老师，不重视你的参考借鉴，聪明人也就成了傻子，迷失了道路。这才是既重要又奥妙的关键呀！

这一章颇堪思索推敲。『善』在汉语中作定语用，是指美好善良；作状语用，是指精于巧于，二者都可解。

善行无辙迹一说，善行如作为美好的行为解，它的无辙迹是道德方面的讲究，粗浅地说就是做好事不留姓名。我说过『大德无名』，真正的大德，是不可以讲的，是能做不能说的。为什么呢？如果是中国人，如果有一点智商，应该不难明白。有了辙迹只能找麻烦，只能把善行变成恶行或伪行或沽名钓誉。而如果这里的善行是指善于行走移动，却无迹可寻查，这就近于兵法，或者是接近于轻功，叫做水上漂、草上飞，叫做来无影去无踪，神龙见首不见尾。

我宁愿相信古时候对于语法的分辨并不普及，善行就是善于行路行走，也就是美好的行为。美好的行为当然不追求彰显，不追求扬名，不需要立功，不需要、不在意、不计较留不留得下痕迹的。善行是自然而然的结果，是大道自己运行的过程。善行是高尚的、文明的、自化的、无私的、润物细无声的，善行当然不留痕迹。我还喜欢讲，大道无术，大智无谋，大勇无功。因为出名立功有术与用计都是要付出代价的，不但自己要付出代价，而且旁人也要为你的名与功付出代价。在强调你的大名的时候会使许多没有被强调的名字寂寞乃至蒙羞，在强调你的功劳的时候会遮蔽许多人的劳苦与牺牲贡献。有很多大名里边其实包括了他人的群体的与历史的功劳。有术则被认为『会来事』，其实等于给自己降了格。用计则必然影响诚信。能不能悟到这一点，这是一个很大的境界与觉悟问题。

一个相信善行无辙迹的人，则是超级境界，超级想得开的人了。无辙迹不一定是绝对地不留痕迹、不留记录，否

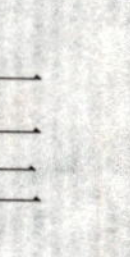

则历史上有记载的那些善行难道都是伪善吗？无辙迹的含义应该是善行的主体，即行善者有心目中完全没有辙迹之想法，没有人过留名、雁过留声之想法。一边做着好事一边想着留迹，这是可笑的。

如果善行作善于移动行走讲呢？不如作美好的行为讲更舒服。但也可以强讲，善于迁移的人会选择最好的方式最佳的路线，最好的马匹车辆或其他工具鞋具，如神行太保戴宗，当然也不会留下太明显的辙迹。

善言无瑕谪则说得太绝对了。只要是说出口或写出字来的『言』，就是有瑕谪的。可以说无瑕谪则无言，所以英国人认为，沉默才是金，而善言最多是银。其实无言也会是瑕谪，至少被攻击为瑕谪，因为你没有尽到言责。

如果你有言呢，你的言论涉及了重点就忽略了非重点，强调了一面就不能同时强调另一面。面面俱到又难以突出重点而且可能是自我抵消，甚至容易被认为是周到——圆融——老练——狡猾。你说得生动了像是巧言令色；你说得质朴了，像是了无活气灵气没有魅力没有说服力感染力。你说得到位了则易过分，你说得含蓄了则易显得不足。你的言被人众拒绝，说明你言非其时、言非其智、言非其道。你的善言获得了公认，被传诵被重复被宣讲被吹捧，那么你已经失去了对于你的善言的主导权解释权修改权；你必须任凭你的言语议论被通俗化，有时候是浅薄化，乃至于被歪曲被割裂被僵化被走形走样，当然也可能被发展被更上层楼，总之最终会是面目全非。应该说，被改善与被改恶的可能性各占百分之五十；或者更精确一点说，被改恶的可能性是百分之五十一。

因为善言的产生不在于是否被多数人理解传诵，而在于智慧与品格、大道的体悟程度、经验的是否足够。对不起，在人众中，大智者、高品格者、体悟大道有成的人、经验足够的人恰恰不是多数。这就是说，人非圣贤，孰能无过？

过而能改，善莫大焉。

尤其是老子，似乎不应该提出言无瑕谪的命题。正是他提出了『唯之与阿，相去几何？美之与恶，相去若何？』『天下皆知美之为美，斯恶矣。皆知善之为善，斯不善矣。』那么瑕谪与无瑕谪，相去几何？

他又说：『知者不言，言者不知；善者不辩，辩者不善。』那就是说，言就证明自己不知不智，言本身就是瑕谪，怎么可能是善言无瑕谪呢？

那么，更正确更精到的理解应该是，善言无瑕谪不是绝对地无懈可击，而是善言无『瑕谪之辨』，根本无所谓瑕谪不瑕谪。不设防才是最好的防。善言不可能因为瑕谪而被推翻，真知灼见不会因为瑕谪而失去功效与光芒。与其在有没有瑕谪上下小鼻子小眼儿的工夫，不如根本不考虑瑕谪的事。不是吗，连老子都承认，道的命名都是强为之字，是不可能绝对地理想无瑕的。

善言无瑕谪是紧接着善行无辙迹的提出而立论的，善行无辙迹是说完美的行为或行路是没有痕迹的，不需要也不可能对之进行表彰或者回顾、总结、审察、推敲。而善言呢，是没有瑕谪不瑕谪一说的。善言与善行一样，也是没有辙迹不辙迹一说的，润物无声，起作用但不留痕迹；上善若水，利万物而不争，根本不存在瑕谪或辙迹之争之辨之辩。

其实无瑕谪就没有世界，就没有天地，就不是大道，就不是自然。宇宙有黑洞，太阳有黑子，地球有高寒与炎热，生命有疾病与死亡，社会有不公。问题不在于有无瑕谪，而在于超越瑕谪，修复瑕谪，自然弥补瑕谪，化瑕谪为美善，视瑕谪为不盈的积极因素，视瑕谪为给发展变化预留下了的空间，从而更加亲近大道即自然。

那么善数善闭善结所以不用筹策、关楗、系扣，同样，善数的根本前提是人的行为符合大道，百战百胜，没身不殆，你还穷算计个什么劲呢？从不用心计算的人自然清楚明白，分得清轻重缓急。整天打小算盘的人却净干糊涂事，这样的例子多了。

善闭的根本前提是无窃无盗无不速之客无擅入的动机与可能。本人无懈可击，不招事，不惹非，不诱盗，不引人注目，自然不用锁销。善结则是心结，无绳而牢，无结而不散。

这里同样有中国的道器之辨的思维方式，同样有中国的讲究修身、正心、诚意、讲究心学心功的传统或滥觞。得道则无劳筹码、计算器，恩怨得失利害无须预卜而自然明白。外其身则身存，后其身则身先，不争则莫能与之争。不算计，故莫能与之算计；不计较，故莫能与之计较。

得道则无敌。没有敌人进来，因为敌人不敢进不想进不要进不可进，你的正义与无为，你的不擅权、不炫富、不树敌、不为恶早已化敌为友。

得道则无须强行结扣联结。不结扣也不能分割离散。黄山上有一处爱情桥，热恋中人或者新婚伴侣们纷纷到那里高价买一个锁锁在那里，表示二人永不分离。一个个锁头锈迹斑斑，污人眼目。其实真正的爱情岂是需要上保险锁的？

这一类论述显然忽视了『工欲善其事，必先利其器』的道理。与欧洲文明相比，我们历史上曾经太不注意工具的发展前进了。正确的选择是，关注道也关注器，器是大道的具体化，道是器的概括与抽象。

但是这样的思维模式有利于学道行道的信心和气度，用不着考虑那么多的技术与器物问题，用不着吭吭哧哧、孜

孜矻矻、磨磨唧唧，一道在手，胸有成竹，齐了。

中国的修炼身心之学之功之教其实是相当迷人的，无须器械、无须实验室、无须实行什么操作，一言一颦一笑，立即精神为之一振，立即豁然开朗，如获新生命。

所以不可走火入魔，不可以修炼身心取代多方面的实践，不论是政治还是经济，科研还是教育，尤其是百行百业百功，这些东西是不能用玄妙的大道修养来取代的。

至于无弃人无弃物的理想，与《礼记》中『老有所终，壮有所用，幼有所长，矜寡孤独废疾者皆有所养。男有分，女有归……』的关于大同世界的说法，与孙中山的『人尽其才，物尽其用，地尽其利，货畅其流』的主张相一致，是一种普世价值，也是政治家思想家统治者或者反对党用来鼓舞人心斗志的号召。为什么这叫『袭明』——深藏的或深刻的聪明呢？因为救人救物都无须咋咋呼呼。

说句笑话，有时候对敌手是要造势，要摇旗呐喊，要山呼海啸一番的，对于待你援之以手的友人亲人百姓，则宁可将聪明深藏，施援救于无形之中。不要吹得比做得还多还有声势，吹得声势太大，人们会以吹的声势作特高标杆来丈量你，反而使你费力不讨好，难孚众意。

一直说到善人者不善人之师，不善人者善人之资。这样的句型也与前面的无弃人弃物说有关，什么样的人都是有存在的意义的，或成为师，或成为资，都算不白走这么一趟，也都有助于他人理解感悟大道。不要拒绝任何人任何事，不要闭目塞聪，不要拒绝师法与资讯，不要认为旁人与自己绝对无关。

一面是自身的无辙迹、无瑕谪、无筹策、无关楗、无绳结，了无一物，一方面是无弃人无弃物，为师为资，这是一个有趣的对比。这样的人是善者，那么不善者呢，恶者呢？一定是恰恰相反：做事有辙迹，说话尽瑕谪，怎么算卦也预见不了下一步；机关用尽关不住门户，防不了入侵；绳子上多少道也拴不紧，动不动就散了架——啥也做不成。而在这样的人的眼里，到处是废人废物，对于他没用的人与物。

得道者无私，万物有助有益。失道者自私，万物陌生无趣而且是异己、危险。

为什么这成了要妙，成了窍门了呢？

这当然是针对统治者说的，也是针对圣人、士、君子说的。统治者与精英们应该做到民胞物与；应该不弃一人，不弃一物，不拒绝一切资源资讯与积极因素；应该化消极因素为积极因素，使百姓万民没有一个人一个地方感觉自己是受了冷淡，使统治者得到最好的统治的基础，得到拥戴、欢迎、热爱，这当然是非肤浅、非外露的大智慧大理想了。

第二十八章　知白守黑

知其雄，守其雌，为天下谿。为天下谿，常德不离，复归于婴儿。

知其白，守其黑，为天下式。为天下式，常德不忒，复归于无极。

知其荣，守其辱，为天下谷。为天下谷，常德乃足，复归于朴。

朴散则为器，圣人用之则为官长。故大制不割。

知道怎样去称雄取胜，但是（我们）宁愿保持温和谦让，把自己定位于与低下的溪涧差不多。能定位低下，保持低调，则与永久的德性同在，回到单纯无瑕的婴儿状态。

一切看得清楚明白，如临永昼，但是我们宁愿保持难得糊涂，韬光养晦，如同生活在黑夜中，形成当今天下的另一种处世模式。成就了这样的模式，也就不会背离恒常的德性，不会与德性不一致，同时可以回到无为的顶峰——极致。

知道怎样去获取光荣，为何理应得到光荣，但是我们却宁愿忍辱负重，把荣誉让给旁人，把困难和误解留给自己，要把自己定位于天下的山谷。做到了如山谷一样地虚空谦卑，保持谦卑与可容受、可承担的状态，恒久的德性才会圆满充足，回到最本初最朴素无华的品质。

本初的质朴分解之后，从初始化发展到数据化定义化之后，成就为各种具体有用的物品，成为巧用好用之器具，成为具体的作为与知识。圣人则可利用这些具有具体规定性的物品、利器与作为、知识掌管天下。所以说，完满伟大的统治，是互通互补互利的一个整体，它不是勉强做成的，它是无法被分割削弱的。

一般来说，人们是争强好胜、喜欢发表见解推广自己的见解与出风头得荣耀的。但是老子提出了另外的模式与选择。非不能也，是不为也。我也知道雄强，我也知道明白铿亮，我也知道风光荣耀，但是我却宁愿保持低调，保持谦虚，保持难得糊涂。这样讲有点怪，但不是没有原因的。

对此我们可以有许多解释：

其一，如毛泽东所讲，卑贱者最聪明，高贵者最愚蠢。卑贱者更实际，卑贱者更注意体察信息，卑贱者更谦虚谨慎，

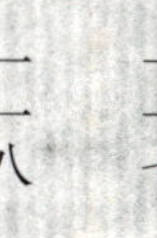

卑贱者更不得不做出实事求是的分析与判断。把自己看得低下一些，更容易接近真理。而高贵者更容易闹骄娇二气，犯刚愎自用、脱离实际、希图侥幸、『大意失荆州』的错误。

在认识论与立足点——立场上，同样有一个与大多数下层人士、与弱势群体站到一起的问题。在耻辱中你才清醒，你能看清光荣的各个侧面。在雌弱中也才看清雄强的方方面面。在斯人独憔悴的状态下，你看得清每一个冠盖京华。在下层的老百姓中，你可以看清上层的各个举措的得失。在小人物当中，你会察觉大人物有时候是多么不智。

你想认识生活认识社会吗？从高处向低处看，从亮处向暗处看，从学者专家那边往老百姓、农民工那边看，你很可能看得不那么清楚，不那么全面。你应该下去，从老百姓这边，从弱势群体这边，从底层往上看，你会得到更全面的认知与信息，你会比那些只知高高在上的自命不凡的家伙接近真理得多。

毛泽东在批评『左倾』路线的时候，曾经说，那些『左倾』人士，不过是不知道打仗要死人，饿了要吃饭，行军要走路罢了（大意）。这是典型的知白守黑的说法，这里需要的不是高深渊博的大白，而是处于黑麻咕咚中也知晓的小儿科常识，夫复何言？

毛泽东发现，有些大人物之所以糊涂，不是在高深的问题上，而是在老百姓都明白的常识问题上。所以他解释，什么是政治？就是团结的人越多越好，敌人越少越好。什么是军事？就是打得赢就打，打不赢就走。

可叹的是到了一九五八年，大人物包括大知识分子也出来鼓吹密植『放卫星』。北京市报道过亩产白薯八十万斤，但是没有一个农民相信。我当时在京郊农村劳动，农民告诉我说：很简单，一亩地摆满白薯，每个白薯与你老王一般大，

不够八十万斤。

所以毛主席动辄要求把知识分子、高官轰到农村去，甚至是『派一个团兵力轰下去』。毛泽东是一个极有主见的人，不能把他的动辄要人下去的主张看成是出自纯惩罚或羞辱的动机。

让你下去，这里有老子的根据，也有孟子的根据。孟子的见解是『天将降大任于斯人也，必先苦其心志，劳其筋骨……』老子的智慧看似另类，其实仍然是中华文明大树上的一枝一叶一奇葩，与中华文明大树关系紧密。

在卑贱者最聪明这一点上，老子与毛泽东一致，但他们得出的结论针锋相对：老子因颂卑贱而谦卑柔弱（状）到底；毛泽东则鼓动卑贱者奋起抗争，斗他个天昏地暗。

卑贱者最聪明，也最有力量。历史属于卑贱者，要把被历史颠倒了的一切再颠倒过来。这是毛泽东的观点。

其二，知白守黑，用黑格尔的说法就是虽然知晓光明，却将自己沉浸在深深的黑暗中。在黑暗中才能看得清光明，包括日光月光，甚至星光也是在暗中看得更清楚。黑暗中可能看清光明，包括光明的种种弱点与黑点。但是光明中很难看清黑暗。

黑格尔对于老子的理解令人想起顾城的诗：

黑夜给了我黑色的眼睛，
我却用它寻找光明。

顾城的例子倒也令人深思，不论你的眼睛有多么黑，看得准光明吗？找得着光明吗？如果自己的灵魂里有着太多

的重负与疙瘩，走向疯狂——彻底黑暗的可能，大大超过了走向明朗与白昼的可能。

还有别的可能：以白寻黑，从白处看黑，则到处皆黑，带来的是对象的黑暗。以黑寻白，则除了刺眼什么也看不见，类似雪盲的效应，带来的是灵魂的彻底黑暗感、寒夜感、长夜感。

黑格尔的理解与其说是哲学的，不如说是诗性的。

在老子的诗中，你感到了哲理的诗化。

其三，这是自古以来国人的韬光养晦的主张的一种表述。这里讲的是战略战术，讲的是中国人特别有兴趣的谋略。守雌、守黑、守辱，类似的说法还有藏拙或者守拙，还有安贫、忍辱负重、卧薪尝胆等都是如此。例如薛宝钗就被评价为能守拙的。庄子说『木秀于林，风必摧之』，所以至今我们讲『不做出头椽子』。

你雄强吗？明白透彻吗？啥都知道吗？光荣体面吗？你快要走向反面了，你快要跌跟头了。小心一点吧！

韬光养晦在中国具体情况下也同样有与大多数弱势群体站在一起的意思。不知这是不是与中国自古缺少调节上下富贫贵贱矛盾的机制有关？弱势群体的抗争不断，专制与造反同在，顺民转眼就会变成刁民暴民，处于上层的人们切不可让自己成为大多数人的对立面。

在国际政治中则有归属于第三世界的意思。

韬光养晦是中国独有的一种说法，一种深藏的智慧，一种悄无声息、从而多少使人胆寒的谋略。我听一个外语专家讲过，把韬光养晦直接从字面上译成欧洲文字，会使人觉得很负面，例如阴险与狡猾。我想这与中国的政治传统政

治运作方式有很大关系。春秋战国的为政、争夺与做人，局面何等险恶、诡谲、复杂，容不得半点粗心大意，必须智上加智，谋上加谋，深里更深，精明处再精一百倍。孰能无过？孰能免祸？孰能成事？孰能全身而退？孰敢大意失荆州？凡能够做到韬光养晦的能人，多能成就一二大事，至少是保住或多保一个时期脑袋与屁股。而越是锋芒毕露、才华横溢、识（或艺、技、力）压群雄、无可匹敌者，越是被这个嫉贤妒能的天下所不容，不但无所成，而且很可能是落一个被磔、被宫、被凌迟、被夷九族等下场。

从正面解释，韬光养晦就是要求你坚忍、谦虚、谨慎、深藏、永远沉下心沉下意沉下身段与弱势大多数在一起。提倡坚忍谦逊与亲民，则是欧洲文明也同样承认、认同的。

其四，这里说的是做人与处世的方法，是应对人际与社会的一种方略。这讲的就是后世发展为难得糊涂的滥觞，俚语叫做揣着明白装糊涂。揣着明白就是知其白，装糊涂就是守其黑。这里的『装』字比较难听而且嫌境界低下。毋宁解释为知识上与最高层次的认知看齐，处世上生活上日常行为中，则只能与大流保持一致。不能针尖对麦芒、眼里不搀沙子。生活中事业上，你只能抓大放小，有所不顾，有所牺牲，有所不为，有所不争，有所糊涂有所健忘。你不必洁癖，更不必忽悠与做秀于你的洁癖。你不要记仇，更不要睚眦必报。

当然，这种说法容易被机会主义者、被市侩乡愿拿来当做自己堕落的借口。一切谋略都有可能被坏人所用，但用起来他们总是差那么一截，叫做难成正果。

其五，在中国早就有性善性恶的争论，这也是一种黑与白的分析。主张性恶的人并不从而邪恶起来，而是正因为

看到了人性的种种弱点，便不相信仅仅靠良知良能就能使公正得到保证，而致力于教化与防范，致力于法律与制衡监督的体制。同样，世界上也有所谓乐观与悲观的分野。我同样欣赏一种说法：只有最深刻的悲观主义者才能做到真正的乐观。如果你只是少不更事，只是盲目乐观，只是天真烂漫，你的乐观主义又值几文钱呢？而你认识到了生命的全部悲剧性、苦难性，人类与社会的种种弱点与可能的邪恶罪恶之后，你的尽力一搏，你的为善良、崇高与光明而做的不计成败的努力，才是真正的深刻的乐观与奋斗啊！

知雄守雌、知白守黑、知荣守辱的老子，宣扬的主张中既有对于善的本性的回归，也包含了对于恶的正视。其实白与黑你都应该明白了解与妥善掌握。一切的愚蠢和邪恶之后，守住了、坚持住了对于黑暗的全部体察与承担的人，丝毫不欺骗自己不安慰自己的人，守住了、坚持住了对于光明的不懈的追求的人，坚持住了自身的明朗的人格心态的人，他的对于光明的努力才是最有用也最可敬的。

这样说又有点知黑守白的意思了。

没有足够的对于非光明的黑的一面的理解，一个人的阳光，最好情况下也不过是天真烂漫，他的幸福，最多也不过是电视连续剧《杨光的幸福生活》罢了。杨光的幸福指数高，然而生活质量与文化含量太低，距离一个现代化社会主义国家的公民的距离还太远。

问题在于，按照老子的观点，也许杨光的幸福生活还是很理想？

所以你也不能太听老子的。

例如雨果的《悲惨世界》，例如陀思妥耶夫斯基的作品，可以说是知白守黑的一种反例证。他们是知白而痛恨黑暗。他们是多么理想，多么热烈，多么敏感！他们不守黑而与黑作殊死的战斗。

那么到了他们的作品中人生就只剩下了一团漆黑了？起码还有作者的火热与义愤，还有小说主人公的善行与痛苦。

反过来说，你熟知了如他们的作品的黑暗，你感动于他们的疾恶如仇之心，你会不会反过来对于光明也更加渴求与敏感了呢？

如果你熟悉了悲惨世界与被污辱被损害的地狱般的绞人心肺的痛苦，你会不会反而产生悲天悯人之心，反而觉得与雨果、陀思妥耶夫斯基的书上描写的相比，你的日子已经好过得太多了呢？

白与黑相对照而存在，知黑守白或知黑求白的最后结果竟与知白守黑、与谦卑与忍耐、与沉默与善良相通，这并不稀奇。

其六，蠢人的争强好胜，小聪明、小有知识的人的喋喋不休、好为人师；浅薄者、小家子气者的使计斗气、出风头、好虚名……老子看得太多了，我辈也见得太多了。越是没有出息，没有本钱，没有风度，没有头脑，就越是闹个甚欢。

老子这里讲的可以说也包括了一个风度教养气质智慧问题。

你要多看一步，看深一步，看远一步，就知道那些关于谁更强（雄）些谁更明白（白）些谁更风头（荣）些的争执有多么不值当了。而所谓谿、式、谷，所谓常德，所谓婴儿、无极、朴，也是老子在当时天下争雄、生灵涂炭的状况下树新风发新论求太平的一次尝试。

当然，他的尝试并不成功，他对于一切竞争的否定态度也太片面与一相情愿。他还有一个特大号的悲哀，最最反对用智谋取天下的老子，他所提倡的知白守黑、知荣守辱，却成为最大最深最鬼（蜮）最神奇的计谋。你老子不是深通精通辩证法吗？你不是喜欢正言若反吗？不是总是说一些与众不同的见解吗？辩证法也就与你——辩证法大师本人——开一个玩笑，使你成为你深恶痛绝的计谋智谋的祖师爷与练家子。在老子之前，善用计谋者亦多矣，但没有人从理论上总结到老子的『知啥子守别样』的高度。

毕竟是值得喝彩的高论！

老子的有关论述，至少令你耳目一新，如过清风，如饮冰水，如浴山泉，如登雪峰，如飨智慧大餐，如望云海日出，如静静地调匀了呼吸吐纳。善哉，老子之论也。

可以多体悟多推敲老子的诸高见，但是不要轻易去试验。低境界的人去实行老子的高水准高智商，正如路还走不好的人改走探戈舞步，买菜算不清该找的零钱的人改学微积分，恐怕是画虎类犬、自找尴尬。而高境界的人，不必刻意追求，自然靠拢大道，成事全身。

知雄守雌、知白守黑、知荣守辱并不就是老子的目的，目的是为天下谿，为天下式，为天下谷。我们的文化其实深受这样的观点的影响。我们说虚怀若谷，说从零开始、从头做起，说宰相肚里能撑船，说谦恭纳士，说从善如流，说退一步天高地阔，都有这样的意思。

同时，这些话语里包含着老子的实际上的骄傲与自信，他是知雄知白知荣的，他的谿谷式的谦逊的后边，不是无

知而是大知，不是无能而是英雄，不是委琐而是荣耀的深潜。老子的背景与实力高于人众，老子的姿态低于人众，这才是老子的绝妙之处呀。

既是骄傲自信也是低头无奈，有什么办法？人生这样麻烦，环境这样复杂，前景确实险恶，你不守雌守黑守辱行吗？本来，痛快一点，白就白，强就强，雄就雄，荣当然也就荣他个干净利索，淋漓尽致，岂不更好？

此章最后讲的大制不割，有两种解释。一种是说要采取因势利导的管理方式，不要勉强（任继愈说）；一种是说完善的政治不会割裂（傅佩荣说）。不论怎样解释，与本章总的含义怎么样联系起来，与前面讲的知白守黑呀、朴呀、器呀、官长呀……怎么个衔接法，我还是弄不明白。

但有一点似可以推定，大制是指理想化的政治、统治、治理，这样的大制即本章一上来开宗明义讲的知白守黑、知雄守雌之制，即做得到知其雄伟、明晰、光荣，守得住低调、谦虚、难得糊涂、忍辱负重之制。若执政者能具有老子所追求的婴儿、谿、谷、足、朴的品质，也就是掌握了理想化的治国平天下之大道了。这样的大道，自当永远无败无损伤无勉强无断裂，不可战胜。

那么，不割的意思宜是不伤、无伤。割则伤嘛。不知道这样讲有没有训诂上的根据。识者教之，谢了。

我还有一个老子的文本以外的想法，知白守黑，难得糊涂固然不差，知黑守白，通晓一切鬼蜮伎俩，坚守自身的清白无瑕，也很可敬。知雄守雌当然可敬，外圆内方，即懂得妥协与让步的一切必要与方略，仍然坚守住自己的做人底线，不怕牺牲，不怕得罪人，不怕吃亏，亦即知雌守雄，岂不甚好？知荣守辱固然厚道，知辱守荣，即放弃一切表

面的风头荣耀而坚守自身的万古光辉，岂不是更难做到？

老子的知什么守什么的思维与表述模式是有意味的，它分离了知与守，即知与行的底线；又论述了知与守的互补互通的可能，它教人聪明，教人耐心，教人沉稳，更教人远见。

第二十九章　天下神器

将欲取天下而为之，吾见其不得已。

天下神器，不可为也，不可执也，为者败之，执者失之。是以圣人无为，故无败；无执，故无失。

夫物或行或随、或歔或吹、或强或羸、或载或隳。

是以圣人去甚、去奢、去泰。

想把天下争到自己手里，按自己的意图打造天下，我看这实在够玄乎的，恐怕是做不成的。

天下是神意造就的，属于一种超人间的力量，不可以据为己有，不是哪一个人可以改变或制作的。你去以意为之，你一定达不到目的（或谓你是势所必然，身不由己，并非出自本意）。你想把它把握（抓）到自己手里，你早晚会丢掉天下。所以圣人是不去打造的，不去以意为之的，也就不会失败；不去把握它，不抓权，也就不会失去。

外物与众人是何等的不同！有的走在前头，有的随在后面。有的轻歔暖气，有的猛吹寒风。有的强劲有力，有的羸弱无用。有的平安稳重，有的岌岌可危。

（不管你们有多大区别）圣人总是注意不要太急躁、太极端、太夸张、太过分的。

这一章关于天下不可为不可执的观点有两重意义。一个是至少在当时，想掌控天下、打造天下的人（各国的君王、大臣谋士们）太多，成功的太少。兴之也勃、亡之也忽的太多，铁打的江山太少。老子想抑制这种合纵连横的斗争与霸权欲望。抑制不成，至少也奉劝侯王重臣们别太急躁、太夸张、太极端、太过分。这样的善良愿望，对于平抑野心，至少有言论上的参考价值。但至多也只是哲学观念、思想修养，有利清谈，有利自慰，有利调整心理平衡，却无益于取天下治天下。

关于『天下神器』的论断有点意思。神器者何？说不清楚。但是至少不要高估个人意志对于天下的作用。它并不属于个人，不能由个人意志主导打造。今天看来，神器之神，可以是历史规律，可以是生产力发展的要求，可以是民心向背，载舟覆舟，可以是多种力量的合力，可以是多种因素的总和。而在老子的时代人们更加相信气数，相信天时，相信宿命。总之神器就是那个时候的人们还说不清楚用不明白，也是他们无法使之听人的话的、比人更加伟大和奇妙的、至少是部分来自非人间超人事的主导伟力所缔造的一切。

例如圣人——还不是凡人——认为唯有德者得天下，未必。很少有人认为秦始皇有德，或刘邦比项羽有德，但是他们在打天下坐天下的斗争中胜了。或者认为符合历史发展特别是生产力发展潮流与要求的势力会得天下，也未必。有时候恰恰是开倒车的、阻滞生产力发展进步的势力取得了胜利。有时候大国侵略小国压服小国不费吹灰之力，有时候小国战胜了大国，弱国战胜了强国，落后的武器战胜了先进的武装……

人就是这样的，没有把握也要干，也要冒险，也要赌一把。春秋战国时期，天下未定，从秦始皇到齐桓公、晋灵公……从孟尝君到信陵君、平原君……从管仲到商鞅到韩非、孙武、白起……从武将到谋士，从刺客到说客，从孔子、孟子、墨子到屈原、冯谖，谁不倾心于取天下？

老子却告诉他们，那是神器，那非人力所能为，吾见其不得已，你干不成！这虽是当头棒喝，却少有因之却步者。有什么办法呢？直到今天，仍然有执天下而为之的太多的野心与蛮干。多少大国的兴亡故事令我们深思，多少强人的命运令我们叹息：秦始皇、楚霸王、唐太宗、拿破仑、斯大林……同时，多少英雄故事历史风雷又令我们热血沸腾，心旌摇震……历史英雄主义与历史虚无主义从来同在，参与的热情与旁观的沧桑感从来同在。孰能无过？孰能免祸？心如古井无波是做不到的，天下人总是要过问天下之事，乃至希望去有所作为，建功立业。

那么既然去不掉参与历史的冲动，至少，去甚、去奢、去泰，掌握分寸，反对极端主义、冒险主义、霸权主义、恐怖主义，再不要在中国在世界出现春秋战国这种群雄争霸、战祸连绵，如鲁迅所讥刺的小民欲作稳奴隶亦不可得的局面了！则是我们阅读老子时获得的应有启发了。

在去甚、去奢、去泰的忠告中，我们也看到了老子的妥协退让。老子的本来主张是无为与不言，无了为也不言了，还有什么甚、奢、泰？然而老子知道他的无为不言的主张是没有几个人接受的，他同时知道事物是多种多样的，叫做或行（走在前面）或随（跟在后面）、或歔（暖气）或吹（寒风）、或强（大）或羸（弱）、或载（稳若泰山）或隳（摇摇欲坠），老子是做不到统一它们的；他只能退而求其次，请你悠着点劲，别太偏激太过分了。

第三十章　必有凶年

以道佐人主者，不以兵强天下。其事好还。

师之所处，荆棘生焉。大军之后，必有凶年。

善者果而已，不敢以取强。

果而勿矜，果而勿伐，果而勿骄，果而不得已，果而勿强。

物壮则老，是谓不道，不道早已。

以大道辅佐人君的，不能迷信用武力强制（征服）天下。一个君王或侯国用武力强制天下，这种事件必然得到还报，叫做冤冤相报，永无休止。

部队征战所过之处，田园荒芜，荆棘遍野，生灵涂炭。大的征战之后，必然有凶险的灾荒灾难的年头出现。

善于征战的人或集团，达到一定的（具体的）目的也就罢了，绝对不可以靠军力逞强称霸，耀武扬威。

动武而达到了某个目的，用不着摆架子，也没有什么架子可以摆。用不着自吹自擂，也没有什么可夸耀的。用不着美滋滋的，也没有什么可臭美的。动武是不得已的选择，不是为了耀武扬威，不可以因之耀武扬威。

一个人过早地强壮了，也就会迅速走向衰老，太强壮强直了也就背离了大道的谦虚包容与变易，也就该迅速结束——快要完蛋了。

这一章老子表述了他的反战厌战至少是慎战的观点。他有书生气，有书生论战的意味。他的『大军之后，必有凶年』的论述则已经成为了我国家喻户晓的名言。这是经验之谈，这是悯生民之论，这是仁心之说，虽然老子个人对『仁』字不怎么感兴趣。

老子当然没有实际消灭战争的路线图与实际操作程序。但是他提出不要耀武扬威，不要因胜而膨胀扩张，不要因胜而盛气凌人，要知道战争是不得已的选择，是很遗憾的事情，不能乐此（动武）不疲，则是有识之士应该认识到与应该做到的。否则，只能是盛而衰，胜而败，兴而亡，强极而垮台。大国的无数兴而后衰的过程说明了这一点。

对于一个现实主义者，力量包括武力是重要的，但是单单有力量又是远远不够的。如果逆历史之潮流，逆历史之规律，逆生民之利益诉求而动蛮力武力，其结果只能是受到大道的惩罚。只有重视力更重视道，重视道理、道德、道路、路线、方式，尊重天下的不可掌控于私、不可以意为之的神器性质，才不至于倒行逆施，自取灭亡。

老子对于用兵、对于强力手段的态度也很有内涵，他并不是绝对地反战，他并非和平主义者。他的此后的某些论述（『将欲取之，必固与之』等）被视为兵法兵书，有的学者还把老子与黄帝、孙子（兵法）与善搞计谋的韩非相提并论，这恐怕是一个历史的玩笑，一个对于太过高明的老子的讽刺。

老子其实对于用兵是持非常保留非常慎重非常不得已的态度的。他的这种非战见解时时有所表现。然而，万事相反相成，最不愿用兵者拥有了用兵的奇谋、兵法的奇谋；最讨厌与轻视计谋的老子，反被视为计谋、奇谋直至阴谋的大师。这是上天对于奇才、对于大师的讽刺性报答，是历史的搞笑，是历史的极端高明与趣味。这也是上天对于庸人、

第三十章 必有凶年

以道佐人主者，不以兵强天下。其事好还。

师之所处，荆棘生焉。大军之后，必有凶年。

善者果而已，不敢以取强。

果而勿矜，果而勿伐，果而勿骄，果而不得已，果而勿强。

物壮则老，是谓不道，不道早已。

以大道辅佐人君的，不靠武力逞强（征服）天下。一个君王或国家用武力逞强天下，这种事情必然招致还报。

军队所驻扎之处，田园荒芜，荆棘遍野，生灵涂炭。大的征战之后，必然有凶险的灾荒灾难的年头出现。

善于用兵的人或集团，达到一定的（具体的）目的也就罢了，绝对不可以靠军力逞强称霸，耀武扬威。

征战而达到了某个目的，用不着翘尾巴，也没有什么尾巴可以翘。用不着自吹自擂，也没有什么可夸耀的。用不着美滋滋的，也没有什么可臭美的。征战是不得已的选择，不是为了耀武扬威，不可以因之耀武扬威。

一个人如果逞强过了头，也就会迅速走向衰老。太强壮太直了也就背离了大道的柔弱包容与变易，也就接近结束——快要完蛋了。

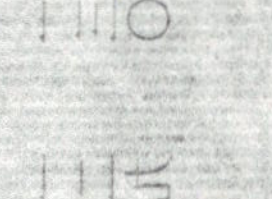
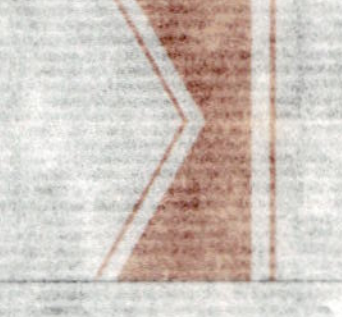

这一章老子表达了他的反战而又知兵至少是慎战的观点。也有中庸，有中庸的意味。他的「大军之后，必有凶年」的名言与孟子的「春秋无义战」一样是警世的名言。这是经验之谈，这是血泪之说，这是千古之说。虽然老子个人对「兵」字不怎么感兴趣。

老子当然没有否定战争的必要性和重要性。但是他提出不要滥用武力，不要因胜而骄矜骄人，要懂得战争是不得已的选择，是很遗憾的事情，不能乐此（战争）不疲，则是有点儿王道意味的反对穷兵黩武的，否则，只能是强而衰，胜而败，兴而亡，强极而转衰。大国的武装兴而后衰的过程说明了这一点。

对于一个现实主义者，力量包括武力是重要的。但是单单有力量又是远远不够的。如果违背历史之潮流，违背历史之规律、违背人心而一味迷信武力，其结果只能是背离大道的结局。只有重视力量更重视道，重视道理、道德、道路、谋略、方式，尊重天下的不可穷兵黩武、不可以意气为之的神器性质，才不至于四面树敌，自取灭亡。

老子对于用兵，对于战争手段的态度与众不同。他并不是简单的反战，他并非和平主义者。他的说法与某些兵书（『杀人之众，以悲哀泣之』等）遥相呼应，有的学者甚至认为《老子》与孙子（孙武）的兵书的精神非常相近，并行。或者说是一个历史的玩笑，一个对于大巧若拙的老子的讽刺。

老子其实对于用兵是持非常保留非常慎重非常不得已的态度的。他的这种非战反战的倾向很明显。然而，兵事的成败，最不高明的是靠用兵的奇谋、兵法的奇谋……最后只能招致对计谋的讽刺。反被聪明的计谋、奇谋直至阴谋的大师。这是上天对于奇才、对于大师的讽刺性报答，是历史的嘲笑，是历史的极端高明与幽默。这也是上天对于庸人、对于糊涂人的安慰：庸人、糊涂人怎么可能理解与服膺老子的心胸与智慧呢？他们怎么可能承认自身的无知无德无道呢？他们一定要把老子拉到地面上来，拉到与庸人、糊涂人相同的高度，从最坏最庸俗最自私的方面理解与演绎老子，把老子解读为阴谋家，解释为过于聪明、过于狡猾与内心恐惧……这样，误读的庸人们会舒服得多。

还有一个说法值得推敲：不敢以取强，果而勿强，这是老子反复申明的一个观点，是老子对于世人的一个劝告。这与提倡竞争提倡比赛永不休止的精神是相悖的。奥林匹克的口号是更高更快更强，老子的口号是不敢以强，果而勿强，怎么看这些说法呢？

只能具体分析了，与其去像挑逗蟋蟀一样地去挑逗言语之间的死抠死争不如体会其各自的针对性与合理性。你不能将《老子》发到奥林匹克运动会上去做学习或宣传材料，你也不必在哲学研讨会上张贴更高更快更强的标语。有的必须争，比如足球赛。有的最好不争，比如封官晋爵。争与不争，都有个度。即使是田径比赛，太争先了反而容易失常，影响发挥。而一个人的不争，达到了未老先衰、全无活气的程度，不会有人为你喝彩，你也无法为自己开脱。

老子认为物壮则老，所以防壮。这未免失之简单表面，与老子的高智商不匹配。壮不是老的原因，因壮而过度透支，那是壮而骄、壮而奢、壮而淫、壮而腐败，则会促进老化直到灭亡的过程。需要警惕的是骄、奢、淫、腐败，不是壮。其实不论是我们每个人还是我们的群体，距离壮还远着呢。

老化的必然性是时间作用于生命的结果，而不全是壮的结果。壮而恶，叫做恶壮，值得警惕。但老子忘了，一直羸弱，一直硬是远远壮不起来，照样会老，而且更易夭折。物壮而老，毕竟还壮过一回。羸弱而老，未壮而老，一事无成，一言未发，连大气也没有喘过一回就衰老灭亡了，岂不痛哉！

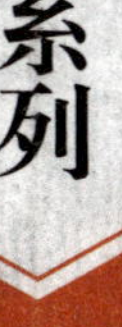

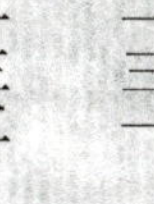

第三十一章　兵者不祥

夫兵者不祥之器，物或恶之，故有道者不处。君子居则贵左，用兵则贵右。

兵者不祥之器，非君子之器，不得已而用之，恬淡为上。胜而不美，而美之者，是乐杀人。夫乐杀人者，则不可得志于天下矣。

吉事尚左，凶事尚右。偏将军居左，上将军居右。言以丧礼处之。杀人之众，以悲哀泣之，战胜以丧礼处之。

这个用兵的事，不是什么好事。一般人是厌恶它的。所以有道的人不愿意让自己搞什么动武。一个正人君子，平常在家是坐在左边即阳面，也就是上位的。平常所认为的阴面即下位。打仗的时候，坐在右边。

用兵不是什么吉祥之举，不是正人君子所喜欢闹的事。逼到那儿了，不得不用兵了，也不必太热衷，适可而止也就行了。胜利了也胜不到哪里去。如果用兵一胜利就兴高采烈，那是热衷于杀人。热衷于杀人的人，可不能让他在夺取江山的事情上成功。

喜庆时要坐在上座，遇到凶事噩耗时则坐到下手。在部队中，偏将军坐上座，上将军坐下座，说明他们带兵的时候是以丧礼来处理带兵事宜的。杀人成功，打仗胜利了，应该哭一场，像哭丧一样。

[illegible]

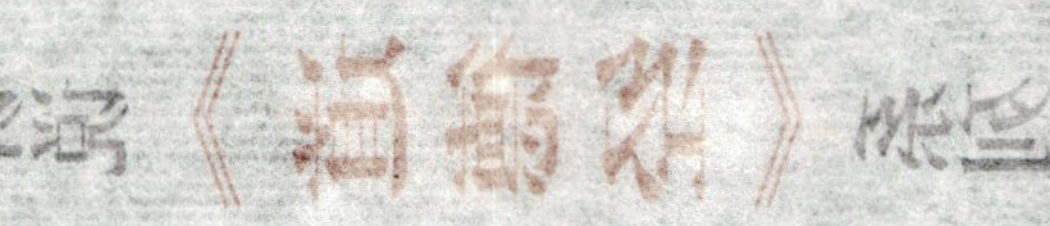

第三十一章 兵者不祥

夫兵者不祥之器，物或恶之，故有道者不处。君子居则贵左，用兵则贵右。兵者不祥之器，非君子之器，不得已而用之，恬淡为上。胜而不美，而美之者，是乐杀人。夫乐杀人者，则不可以得志于天下矣。吉事尚左，凶事尚右。偏将军居左，上将军居右，言以丧礼处之。杀人之众，以悲哀泣之，战胜以丧礼处之。

这个用兵的事，不是什么好事。一般人是厌恶它的。[illegible]

[illegible]

老子这里讲得很人道也很悲伤。光『兵者不祥之器』就连续讲了两遍。悲伤加上无奈。越人道了就越悲伤，越悲伤就越无奈，世界就是这样的。不祥不祥，没有太多的思想家宣传用兵有多么吉祥。问题在于不祥又怎么样呢？谁允诺你让你永远吉祥呢？

我读过看过一些苏联后期、俄罗斯、美国、德国的描写战争的小说与影片，里边表现了两种人物。一种是怀着悲悯的心情不得已而参加战争的。他们一面参加战争一面深感痛苦，他们反对在战争中做过于残酷的事情，他们善待俘虏，善待敌国的平民，特别是敌对方的女人，有时候为了善待敌方人员，甚至与本方的粗暴的战友发生激烈的冲突。这一类作品我想得起名字来的有苏联作家邦达列夫的小说与后来改编的影片《礼节性的访问》，其中有这样的情节。我还看过一部德国方面创作的写纳粹军队兵败斯大林格勒的影片，叫做《决战斯大林格勒》，在失败的过程中，在绝望的疯狂中，同样也有悲天悯人的人物。

从电影《集结号》中我们也看到类似的观点与情绪。老子如果看了《集结号》，也许会说『吾道不孤』。

另一种人物则复仇心切，杀红了眼，以胜为荣为乐为狂欢，常有过度报复的事情发生，在战争中绝对顾不上什么人道主义。

战争要求英雄主义与乐观主义，如果是一帮道德家善人在打仗，必败无疑。这也是不可不正视的。

以行丧礼的心情参加战争，是前一种人物的特色，想不到与两千多年前的老子相通，亦源远流长矣！老子的这一章的一切说法都有首创性、开创性。对于类似问题的探讨与感受，至今并没有过时。

和平是普世价值，人道主义，以人为本也是。

越是没有多少疑义的普世价值，越是难以做到。人类并不按照自己宣扬的与信奉的价值观办事。把价值抬到至高无上的地位，如果不是别有用心的骗局，就是犯傻。

人性、欲望驱动与利益驱动，有时候比价值驱动还厉害，还难以控制，这是事实。有时候价值是为欲望与利益服务的。另一些时候，价值则要求约束欲望与利益追逐。

同时我们也很难否定，人性中本来就有争斗、争胜、自卫、复仇、仇恨直至残忍这些东西的强大存在。何况为了民族生存、社会变革、阶级翻身与制止暴力恐怖，制止所谓反人类的罪恶，你很难完全避开战争，很难拒绝一切动武的手段，很难不认为为了上述目的的动武，是正义的。

所以我同样阅读过许多书籍与文学作品，它们号召积极参加神圣的正义的战争；以血抵血，以命抵命；血债要用血来偿；敌手不是人，而是凶恶的猛兽，对敌人仁慈就是对人民残忍；进入了战争就没有权利悲悯，没有权利退让，只有懦夫和叛徒才会对敌人心慈手软……而且我亲自体会到，对于一个民族一个国家一支部队来说，没有比战胜敌手更狂欢更值得庆贺的事，代价越大，牺牲越沉重，胜利就越珍贵。战争动员起了全部民族国家集团乡土直到阶级的力量，胜利则是全民的节日。设想一下一九四五年苏联战胜德国法西斯后，在红场上阅兵，将缴获的德方的各色军旗军徽踩在脚下的情景吧。虽然苏军方面损失了两千七百万人，几占人口的四分之一，他们仍然不可能用悲哀泣之，以丧礼处之。没有战功就没有足够的威信与崇拜，没有凯歌就没有英雄豪情，没有同仇敌忾就没有历史功业，没有拼死拼活的

战争就几乎没有翻天覆地。谁能推翻这样的规则？

怎么办呢？怎么办呢？

老子前面早已惊世骇俗地讲过了：大道废，有仁义……大道之行也天下为公，就压根不必战争，不必镇压，不必动武，也就不必搞什么酸文假醋、酸仁苦义。至于丧事喜事，上座非上座，美乎恬淡乎悲泣乎，弄不好了，说得太多了却成了老子自己说的『大伪』——非大道。

但是老子必须这样讲，因为他再找不着表达自己的非战非攻、悲天悯人的态度的其他方法了。

老子并不像孔孟那样地讲很多仁义道德。老子的道德是大道和玄德，即哲学意义上的最最抽象的大道与玄德，它不是人伦的、克己复礼的与修身正心的概念，而是自然的、先验的至上与主导。老子的学说里衍生不出四维（礼义廉耻）八纲（再加孝悌忠信）五常（仁义礼智信）等。老子甚至嘲笑为百姓制定道德标准的不智之举，认为那只能把德行人为化与复杂化，使德行变成大伪即作秀。但是在老子的这一节的非战非兵论述中，特别是用丧礼庆祝战事胜利的论述中，你感觉得到老子的道德情操，他流露他的悲哀与无奈，再说一遍：叫做悲天悯人。

古今中外，所有的思想家、学者、仁人志士，面对用兵和战事，都有这样的悲天悯人与无奈。

这是一个悖论，在霸权和实力的时代，你只讲恬淡与悲泣，这简直是酸腐，如果不是虚伪与欺骗的话。

但是让我们反问一句：如果我们因为面对现实，投身争斗而再不讲、不准讲人道主义，不讲仁义道德，不讲和谐世界，只讲斗呀、拼呀、杀呀、血战到底呀，不是你死就是我活呀，不是你吃掉我就是我吃掉你（这后一句话是林彪将军爱讲的）呀，人类不就更没有希望了吗？不是不但没有和谐的现实，连和谐的理念、和谐与幸福之梦、和谐的语言与歌曲画面都不能提、不能做、不能接触了吗？

那么这就更是人类的恒久的悲剧了，向往着和平，准备着或从事着战争，鼓吹着人道，提防着被杀被占领被侵略，满怀悲悯，也要有一手自卫反击，本来是出丧，却要争取大获全胜。大获全胜了还要热烈庆贺，庆贺完了还要反思人类的悲剧，还要鼓吹和发挥这些永远被思念被争取被称颂，也永远不可能实现的和平、正义、人道、自由、平等、博爱、民主、人权的普世理念。

理念之所以是美好的理念，正因为它不可能百分之百地实现。一切实现了的理念，都带有现实的各种不足与新发生的麻烦，都会给理念打上折扣，甚至使光辉的理念走一部分形。我们要奋力追求的，正是美好却又不可能一步实现的理念。

第三十二章　名有知止

道常无名。朴虽小天下莫能臣也。侯王若能守之，万物将自宾。

天地相合以降甘露，民莫之令而自均。

始制有名，名亦既有，夫亦将知止，知止可以不殆。譬道之在天下，犹川谷之于江海。

我们常常找不到合适的称谓来表述、定义大道，大道常常找不到自己的概念归属、定位定性名分名声。大道常常没有响亮的名声。它就像没有加工——没有定义过的木头，叫做朴，称做本初、原生状态。这样的朴素性、原生态，

虽然并不耀眼，虽然显得气势不大，乃至显得低微渺小，却不可能被任何后天的人力所臣服、所指挥操纵。诸侯君王如能保持这种朴素原生无华无名的状态，万物众人将自动宾服归心于他。

大道的运作如同甘露的下降，是天与地阴阳二气相结合相协调的过程，不需要人们的干预与人为的指挥，它自然而然能做到普润均匀。

从本初、初始，到后来终于有了命名，有了一定的规定性，有了自己的名分与定性定位。既然有了命名了，有了规定性了，有了名分与定性定位了，整个的系统也就完成了与开始运作了（『始制』或可作如是解），也就可以适可而止了。适可而止，也就没有危险了。

道行天下，如川谷流入江海，自然而然，无尽无休，浩浩荡荡。

这一章的解释相对比较含糊，我读了一些前贤与老师的讲解，仍觉不得要领。

道常无名，名就是概念归属，就是同类项，就是定性与定位。而大道是至高至大至上的唯一，无法有归属、同类项或定性定位的考量。小时候翻看字典，有时会看到互为解释的情形，如眼，目也；目，眼也；高兴，欢乐貌；欢乐，高兴貌。但是大道是太大了，你无法解说大道是什么什么也，什么什么是大道也。

道常无名的另一层可能的含义是，道常常是沉默（虚静）无为的，它从来不声不响，不显山，不露水，不炒作自己的名声。

前边老子已经讲了大道的大（巨大、广大）、逝（变易）、远（深远）、反（辩证运动、回返运动），这一章老子则从又一个新的角度，从无名的角度，即原生的、未定义（请将我的『未定义』一词与电脑操作中的定义、设置等联系起来）的朴的角度来讨论道的此一方面的特性。

前边老子刚刚讲过道之大，这里又讲开了朴之小。无名则小，武侠小说中说对方是无名鼠辈的时候，就是认定了无名者小人物也。这种认识虽然极肤浅，却代表了集体意识。小的原因是它原生，还没有大概念的归属，没有大同类项的比附，没有高级地位性能的宣示，没有这些外在的命名与定义，没有光彩照人的头衔。如同一个人，你只看到一男或一女或一胖一瘦一青年一老者，他或她在你心目中仍然是渺小的。一旦宣布他或她是政要、巨商、名人、冠军、英雄、模范，即一宣布他或她的名分——概念归属、集团归属、势力与地位归属，他或她岂不就大起来了？

一般人之大小，其实并不决定于自己，而是决定于归属，是沾光（包括负面的）效应。

国人讲究名，欧美人讲究 identity——身份，其实都是指归属。如同一块石头、一根原木，平常你不会特别多看它两眼，一旦知道它内含翡翠、钻石、稀有金属，或它是红木、紫檀木，或具有什么历史、地理、考古、生物学的唯一特殊怪异稀罕的身份——名，它也就身价百倍，膨胀起来了。

小的意思也可能还包含着精微、润物细无声、夷、希、微的含义。

但是侯王恰恰应该守持、守护这样的尚未定义、尚未开发、尚未被人众公认、尚未取得归属与身份的朴之道，道之朴。它才是朴质、朴素、朴厚、浑然、混元、原生、本真、真诚、可信、本初、内存未被占用的状态。只有守住这样的空间，侯王才有权可用，有事可做，有事可为，有人气可以聚拢。如果侯王把一切都规定死了，填充满了，诰封遍了，彻底

定格了，谁还会往你这个侯王这儿跑呢？

特别提出来侯王要守这个朴，因为道的大、逝、远、反，一般人容易明白与珍重，人们最难看得准爱得深守得坚用得好的是朴。别人做不到，侯王应该做到，否则，你就没有资格当什么侯王，没有资格与语天下，没有资格论政论兵忧国忧民。恰恰是这个小小的朴，能决定一个侯王的行情——是否万物将自宾——看外部世界服不服你、鹏不鹏你。

我喜欢用计算机作比喻来讨论这一章。我早就说过，我们可以做一个通俗的所以不免是跛足的比喻：世界就好比一个先验的自我运行的大电脑。这个电脑的实体与存在尤其是硬件，就是天地自然。这个电脑的原理、计算方法、能源与非人格化的操作主导，这个电脑的本质与本原就是道。计算的基本概念基本符号，就是0与1，即无与有。『大』是说明它的内存容量。『逝』说明它的运算速度。『远』说明它的功能精微与精确性。『反』说明它的回到首页的无误与时时格式化回到本初状态的自我更新能力。『虚静』说明它的无病毒垃圾噪声与作废数据。『惚恍』与『谿谷』说明它不占有空间，功能与运作都不受限制。『无名』说明它永远是新的、未命名的、不事声张的。

大道的特点是它的本初性，是永存的与不以人的意志为转移的自然——自行运作的真理，是万物万象生灭与运作的根本原理，也是世界所以是世界的本原本质。它的显现形式则是世界和天地、万物与万象。大道本身不需要设置与定义，不需要人为的操作系统、应用系统与种种程序。大道本来是比电脑还朴厚得多原始得多但也齐全得多的『朴』，它是最高理想型至上型『朴机』。它自然运作，从不疲劳失误死机。

拥有朴就是拥有第一手的无限内存的电脑，而不去给它定义命名、不设立人为的数据库。没有了朴就是只有第二

手第三手第一百手的电脑，你已经为各种命名定义数据所填满，你已经预设得一塌糊涂，你已经头昏脑涨茫然不知所措。你的电脑已经不好用，没有人会去购买或乐于使用你的这种半死的电脑，除非删掉一切，重新开始。

你只要保持你的淳朴与本初状态，就自然而然与大道一致。你不要给自己胡乱命名定义设置，不要把自己装满填死，不要作茧自缚、自我死机、自找死机。天下就会往你这儿来，因为你这儿最可为，最不生事，最有容量。

大道通过甘露滋润着天地，并不厚此薄彼，并不偏爱谁嫌弃谁。它们出自天地之合，它们回到普天遍地。而你越是企图干预甘露的分布，你就越弄不均匀，越玩不转。

然而除了大道、天地、天下、世界、甘露，还有聪明有为的人们，人总是要给大道以人为的操作，要给以命名定义（如仁义、兼爱、修齐治平……），不命名不定义他就觉得陌生与无所适从。于是本来是朴质的大道，在被人众解释得普及了、好用了、有名了的同时，也可能命名命得越来越热闹也越来越混乱，也可能解释得偏执排他，走上狭路邪路。

所以要适可而止，命了名了，定了义了，有了归属与定性定位了，有了名分了，知道恺撒的归恺撒，上帝的归上帝，百姓的归百姓，侯王的归侯王了，能操作能应用了，能明白一点了，也就足行了、足够了。如果还要死乞白赖地自作聪明地无限制地命名定义、添加程序，就会使电脑因数据膨胀而崩盘（掉硬件与软件）死机。

例如美国在世界上的处境，例如苏联的历史，例如中国的『文革』，例如某些学派思潮的兴衰，某个个人特别是大人物的成败，都可以启发我们考虑这个如何守护朴质，如何才不至于『不止乃殆』——由于自诩过分、干预过分、动作过分与不知分寸，不知适可而止而为自己制造了危险的问题。

你最好有一个功夫：时时搞计算机的原初格式化，删净自己重来。从头学起，从零开始，重新入手，重新洗牌。百川归海，百理归大道，归这个超越一切涵盖一切的大道、无限。

或有论者释义者认为老子在这一章讲的是不要求名太过，窃以为是说得太小太实了。这里老子讲的其实仍然是全书贯穿着的文化批判思潮。与其说名是名望名分是名词，不如说是概念与命名，即计算机中所讲的『定义』。从一个本初的其实完全有能力自行运作的计算机到格式化与命名是难以完全避免的，从一个未命名未定义因而被某些能工巧匠大师或乱臣枭雄蟊贼认为不好使用的计算机，到一个命了名定了义能够使唤的计算机，这是一个发展也是一个必然，但也可能是人类从此走向了一个歧路、邪路。

用老子的话说就是：圣人出，有大伪。圣人以作出各种定义命名正名为能事，以制定标准与规则为能事。这样的『圣人』自以为能够审判天下、鉴定天下、改变天下与惩罚天下。不论这样的圣人想得多么悲壮与自信，他们所做的许多东西效果是适得其反。因为人为的一切常常赶不上自然运行的大道。人为的一切都有缺失，都不可能像天地自然一样地行云流水而又严丝合缝、疏而不失，不可能像天地相合乃降露水（斯时还弄不清露水生成的原理）那样均匀理想。对于老子来说，伪者为也，伪就是勉强为出来的。这个说法当然偏激，同时老子的这一尖锐伤人的命题是天才的电光一闪。

老子的看法，偏于对这种文化过程的批判。他认为，人不要太迷信自己，不要过高估计了自己，你有许多偏见，你有许多私心杂念，你有许多谬误、想当然、意气用事、人性弱点、地域民族阶级局限性……这些都会带入你对大道

的追求与运用当中，就像计算机使用者把垃圾、有害信息、病毒和错误操作带入计算机一样。文化越发展丰富，信息与操作越多，危害大道、背离原理、危害计算机的机会越多越大，所以要知止，需要见好就收，不要没完没了。

止的含义不仅是停止，尤其是目的地，是到达与达到。

达到了目的就应该停止，而不是在前进的惯性上死冲死挣，更不是在贪欲的煽惑下无限膨胀。《大学》上也讲『知止而后有定』，可见，『知止』的理念在中国是普遍的与超门户的。文化的发达也应该知止，学说并非越日新月异越好，有时最新最异的反而是胡说八道。手段并非多之又多就好，有些手段就像药品，花样太多了更易误用与产生副作用，有些花样翻新的药片后来证明有毒。享受并非无尽无休才好，过分享受是堕落的另一名称。要把达到目的就好就适时停一停同时要随时反省斟酌一下的理念引入到社会发展与文化发展中来。

当然，见好就收的观念与自强不息的观念，应该共赢，应该互补，应该共济。

再说一句，以计算机的常用语言来讨论这一章，当然不意味着老子的观点是用来构建计算机的，而是说，高科技的、模仿人脑的计算机里与世界万物一样，体现着大道的道理。

老子的道理讲得高明，可惜的是世事常常并非如此。世事是，哗众取宠有时会取得成效，有时大言足以欺世，容或大伪足以成圣，说不定大朴易被冷淡忽略。或者至少是，圣人亦有伪处，良言亦有夸张，高士也有不能免俗的地方。老子的忠告令人清醒，令人警惕，只有跳出世俗的得失考虑，跳出操作性的考虑衡量，才能近大道而更上层楼。

第三十三章　自胜者强

知人者智，自知者明。

胜人者有力，自胜者强。

知足者富。

强行者有志。

不失其所者久。

死而不亡者寿。

能了解别人了解外物的人是聪慧智谋的，能够了解自己的人才是明白坦荡的。

能够战胜旁人的人是有实力的，能战胜即掌控自身的人才是不可战胜的。

知道满足的人是富有的、从容的、有余裕的。

能坚持能持续努力的人才是有志气的。

不迷失自我，不脱离自己的本原，不会忘记自己是老几的人才能成就与保持长久。

死后而仍然保持着影响与作用的人，经得住时间的考验的人是真正的长寿。

人贵有自知之明，这也是国人的自古以来的共识。原因就是自己往往高估自己，溺爱自己，原谅自己，美化自己。一围绕自己立论，便容易丧失掉客观公正全面与应有的严格性。

战胜自己，目前已经成为一个被用滥了的说法。想不到早在老子时期，已经提出了自胜者强的命题。

其实有多少人能够使自己完全做到言行一致，灵肉一致，理智与感情一致，对人与对己一致呢？

原因在于，你需要战胜的自己，不是自己的一个观点一个行动一次安排一个念头，而是你的活生生的私利、私欲、私心、杂念。谁能做到百分之百地消除了自身的一切私字呢？我们也搞过『狠斗私字一闪念』，我们也说过『个人的事再大也是小事，国家的事再小也是大事』……但是这些说法，到底怎么样才能落实呢？

我们至少可以加强对自己的控制，提升自己的精神境界，使各种私利私欲处于不会恶性膨胀的状态。我们至少可以培养自己的真正的志趣、高尚的志向、开阔的胸襟，越是能投入到事业、科学、艺术、造福一方的活动中去，就越能在某种意义上战胜自己。

胜己者强的另一面是，事业心强者能胜己，责任心强者能胜己，自信心强者能胜己。换个说法来立论容易让人明白，就是说，强者当能胜己。是不是呢？

让我们举个例子，例如某些西方国家，那里的政客常常被曝光性丑闻；而我们的印象，那里的性观念是非常开放直至无所不可的，为什么对于政治家的要求这样严格呢？

只能有一种解释：这样的事情暴露了一个人的缺少自控能力，暴露了一个人的不能胜己、不能自胜。一个软弱的人可以去从事艺术、学术，却不可以充当承担着国家民族人民的巨大责任的政治领导人。

有力无力是容易估量，容易量化，一眼能够看出的实在实存。而强是一种品质，是更深藏的东西。关键在于承受，

第三十三章　自胜者强

知人者智，自知者明。

胜人者有力，自胜者强。

知足者富。

强行者有志。

不失其所者久。

死而不亡者寿。

能了解别人的人是聪明智慧的，能够了解自己的人才是明白透彻的。

能够战胜别人的人是有实力的，能够战胜自身弱点的人才是不可战胜的。

知道满足的人是富有的、从容的、有余裕的。

能坚持能够努力的人才是有志气的。

不迷失自我，不脱离自己的本原，不会忘记自己是谁的人才能成就与保持长久。

死后仍然保持着影响与作用的人，经得起时间考验的人是真正的长寿。

人贵有自知之明，这句是国人自古以来的共识。原因就是自己往往看不清自己，高估自己，原谅自己，美化自己。一面给自己立论，更容易被夸大为全面的绝对正确的真理。

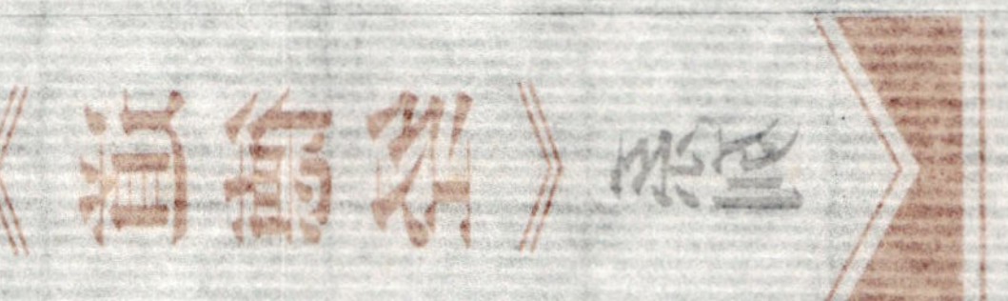

战胜自己，自胜已经成为一个被用滥了的说法。感不到它在某些时刻，已经变成了很有分量的问题。

其实有多少人能够使自己完全做到言行一致，表里一致，思想与感情一致，对人与对己一致呢。

原因在于，你需要战胜的自己，不是自己的一个观点、一个行为、一次失误、一个念头，而是你的活生生的肉体、欲望、身心、杂念。谁能够做到百分之百地消除了自身的一切杂念呢。我们也常说"脚踏实地一心一意"，我们也常说"一个人的事再大也是小事，国家的事再小也是大事"……但是这种说法，却从来都不能做到。

我们至少可以加强对自己的控制，提升自己的精神境界，使这种冲动降到最低的限度，不会严重影响我们的状态。我们至少可以培养自己的真正的志趣，高尚的情操，开阔的胸襟，就是说投入到事业、学业、艺术、道德一切的活动中去，就能在某种意义上战胜自己。

战胜自己的人一面是事业心能够战胜自己，责任心能够战胜自己，自信心能够战胜自己，使个人欲求不至于影响大局，就是说，能够战胜自己，是不是呢。

让我们举个例子，比如某些西方国家，那里的政客常常被曝光桃色新闻，而我们知道，那里的社会观念是非常开放的，为什么对于政治家的要求这样严格呢。

只能有一种解释：这样的事情暴露了一个人的缺少自控能力，暴露了一个人的不能胜己，不能自胜。一个缺乏自控力的人可以去从事艺术、学术，却不可以去担负着国家民族人民的巨大责任的政治领导人。

有力无力是容易区分的，容易量化，一眼就能够看出的实在实存。而强是一种品质，是更深藏的东西。关键在于决胜。

在于耐力与定力，在于无言无形无声无迹，在于自身另有大志大智大勇大德，在于虽强而绝对不可做强大状。

戒贪，当然。长期以来，知足常乐似乎是自欺欺人的代名词。然而这里是有一个区别的，如果由于知足而放弃了维权和对于不义与非法的抗争，是不足取的。而在个人消费、享受、待遇上知足，是最起码的道德底线，也是身心健康的标准。陷入永无餍足的贪欲，则只能是罪恶与痛苦的根源。

知足不是懒惰，不是躺下来，所以老子紧接着讲要坚持努力，离开了坚持的努力，所谓大志就是牛皮空谈。

事有成败，运有通蹇，名有大小，财有多少，地位有高低贵贱，然而一个人不管处在什么情势下不要忘乎所以，不要忘了本：本初、本原、本态、本相。不沉浸在暴发的喜悦或幻想之中，不叫苦于背运的阴影之中，不白日做侥幸的美梦，不因焦虑而无端地战栗失眠崩溃，这就叫不失其所，这就叫不失其本，这就叫有长劲，这就叫可持续发展，这就叫庶几近道了。

生理的死亡是无法避免的，长寿不仅是生理年龄，不仅是喘气饮食的植物式生存，只有归附于大道，言行不背离大道，人格体现着大道，人与大道合一，才能算是长寿，才永远不会夭折。

……逝者如斯，而未尝往也；盈虚者如彼，而卒莫消长也。盖将自其变者而观之，而天地曾不能以一瞬；自其不变者而观之，则物与我皆无尽也。……苟非吾之所有，虽一毫而莫取。惟江上之清风，与山间之明月……取之无禁，用之不竭。是造物者之无尽藏也，而吾与子之所共适。

苏东坡《前赤壁赋》中的这一段话有点老子的意思。所谓『自其不变者而观之，则物与我皆无尽也』的含义，就

是自大道观之，物与我皆是大道的一次闪现、一次下载、一次证明，当然是死而不亡的了。那么自其变者而观之，同样是自大道而观之，天地不能以一瞬，妙哉，苏东坡也有极限小观念、无限大观念了。与大道的无限相比，天地银河系也只不过是一瞬，是趋向于零的存在。个体有死亡，天地也有起止，而我们的母体，我们的起源与归宿——大道，千秋万代，绵延不绝。

第三十四章　大道汜兮

大道汜兮，其可左右。

万物恃之以生而不辞，功成而不有。

衣养万物而不为主，常无欲可名于小。

万物归焉，而不为主，可名为大。

以其终不自为大，故能成其大。

大道就像大水一样顺势奔流到各地各处，大道广被（全面覆盖着）万物万象万处，哪里是人的意志可以改变它增减它左右它的呢？

万物依靠着大道的勃勃生机而生生不息，它的生机从来不会变得消极无力辞避。它完成了造就了许多人与事与物，但并不据为己有。

在于拥有自己的定力，在于无言无形无声无迹，在于自身内有大志大智大勇大德，在于虽弱而终不可战胜大我。

[illegible]

[illegible]

……大道，人都体现着大道，人与大道合一，才能永远存在，才永远不会死亡。

[illegible]只有回归于大道，言行不背离[illegible]

……逝者如斯，而未尝往也；盈虚者如彼，而卒莫消长也。盖将自其变者而观之，则天地曾不能以一瞬；自其不变者而观之，则物与我皆无尽也……惟江上之清风，与山间之明月……取之无禁，用之不竭。是造物者之无尽藏也，而吾与子之所共适。

苏东坡《前赤壁赋》中的这一段话有点接近于这样的意思。所谓"自其不变者而观之，则物与我皆无尽也"的含义，就

是由大道成就的。[illegible]

[illegible]——大道，

千秋万代，源远流长。

第三十四章　大道泛兮

大道泛兮，其可左右。

万物恃之以生而不辞，功成不有。

衣养万物而不为主，常无欲，可名于小。

万物归焉而不为主，可名为大。

以其终不自为大，故能成其大。

大道泛滥无边，[illegible]

[illegible]

由于不断改变自己有。

它覆盖着满足着万物而并不去干涉它们主宰它们。它没有什么愿望需求，可以说它是很微小的、平凡的。

虽然不去主宰一切，但是万物都离不了它，都以它为依归，所以又可以说它是伟大的。

正因为它不自高自大，所以更成就了它的伟大。

大道如水，如水之四面奔流，人力不可能影响它。这里有一种老子的民本思想。氾就是泛，就是有地无类，哪儿都流，而且是往低处流，不是几个精英、几个圣人、几个『思想者』的专利。

想象一下洪水泛滥的场景吧，雄浑而又质朴，伟岸而又平铺，光亮却不避污浊，无情破坏却又同时滋养大地，养育万物。

是道泛流人间，是道找人而不是人苦苦地觅道，这一点也值得思索。既然道无处不在，那么到处都是道的体现、道的证明，你应该面向世界、面向万物万象，应该很平顺地体悟大道，用不着故意较劲，故弄玄虚，自己绕昏了自己，自己爆炸了自己。

大道如水的泛滥一般流向四处，这个比喻与今天的语言习惯不一致，我们习惯于反对泛滥、控制泛滥、阻挡泛滥。而老子认为氾——泛滥是一个好词。泛滥就是自流嘛，水因势而流，因势而均匀润泽大地，不劳较劲，不劳逆势而动，不劳耳提面命与不断更正导引堵漏洞，相信自然的自在的就是合理的与精彩的。这是老子的理想、老子的梦。

这里还有一种对于水的崇拜。它表现了古人对于水与生命的关系的一种直觉判断，它表现了对于水的亲和感、灵动感、纯洁感、生命感与佳妙感。道观内只供奉太上老君塑像却没有做出大水的图腾，未免遗憾。回想老子此前讲的『上善若水』，你就更觉得意味无穷，而不仅仅是已经说出来的利万物而不争，还有处众人之所恶，等等。

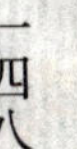

对于水，需要观察，需要感动，需要欣赏吟咏描绘体悟，需要一再作无尽的体味，需要形象思维直观思维的高度活跃，而不仅是对于字句言语书写的定义式的理解。

一个是『子在川上曰，逝者如斯夫，不舍昼夜』，这是孔子对于水的感慨。一个是『上善若水』与『大道氾兮』。一个是『沧浪之水清兮，可以濯我缨；沧浪之水浊兮，可以濯我足』，这是屈原的反讽。先哲在水面前竟然产生了那么多灵感。这也是一种道法自然的例证，这也是先哲乐于观察世界体悟自然、以自然为师的一个表现。

生生不已是大道的体现，这与易学一致，这里包含了对于生命的肯定和颂扬。追求大道的人应该爱护帮助生命，这是普世价值。

有了功绩不去占有，这是了不起的。

说过了天地不仁、圣人不仁，却又说了大道的衣养万物，给万物以衣食，大道是万物的衣食父母。这是怎么回事呢？这叫做『道是无情却有情』，叫做该衣养时则衣养之，未尝不是仁之爱之，该刍狗时则烧掉之、不仁之。非不仁也，是大道也。大道，大自然的规律，比一切仁义道德更恢弘巨大。

为什么能做得到不去居功，不去占有任何的成绩呢？这值得思索。第一，大道本身已经涵盖了一切，包容了一切，它的谦卑正是充实的表现。它的低调正是高昂的自有把握。它的平和，正是至上与无忧无虑的形象。它的无为正是无不为的展示。它的无言正是伟大到不必言、非言语所能传达的程度。它还需要占有什么吗？一个已经意味着一切主导它覆盖着滋养着万物而并不去干涉它们主宰它们。它没有什么愿望需求，可以说它是最渺小的、平凡的。

虽然不去主宰一切，但是万物都离不开它，都以它为依归，所以又可以说它是伟大的。

正因为它不自高自大，所以更成就了它的伟大。

大道如水，如水之四面奔流，人也不可能影响它。这里有一种老子的根本思路。泛滥是泛，泛是有也无涯，哪儿都流，而且是往低处流。不是几个精英、几个圣人、几个"思想者"的专利。

想象一下大水泛滥的感觉吧。激荡而又灵动，宁静而又平静，光芒而不耀眼，无情然而又同时滋养大地，养育万物。

是道泛滥人间，是道找人而不是人苦苦地寻道。这一点也值得思考。既然道无处不在，那么你到处都是道的体现、道的证明。你应该面向世界、面向万物万象，应该平平静静地体悟大道，用不着故意较劲，故弄玄虚，自己迷惑了自己。自己暴露了自己。

大道像水的泛滥——泛滥向四方。这个用语与今天的语言习惯不一致。我们习惯于反对泛滥、警惕泛滥、阻止泛滥。而老子认为的——泛滥是一个好词。泛滥就是自流嘛。水因势而流，因势而甚至泛滥大地，不带较劲，不带逆势而动。不若耳提面命也不断更正与引导教诲。相信自然的自在的就是合理的也精彩的。这是老子的理想、老子的梦。

这里还有一种对于水的崇拜。它表现了古人对于水与生命的关系的一种直觉判断，它表现了对于水的亲和感、灵感、纯洁感、生命感与神秘感。道观内只供奉太上老君塑像却没有做出大水的图腾，未免遗憾。回想老子当时的"上

善若水"，你就更觉得意味无穷。而不仅仅是已经说出来的利万物而不争，还有处众人之所恶，等等。

对于水，需要观察，需要感悟，需要欣赏吟咏描绘体悟，需要一再体味与咀嚼，需要形象思维直观思维的高度活跃，而不仅是对于字句言语书本的定义式的理解。

一个是"子在川上曰：逝者如斯夫，不舍昼夜"，这是孔子对于水的感叹。一个是"上善若水"与"大道汜兮"。一个是"沧浪之水清兮，可以濯我缨；沧浪之水浊兮，可以濯我足"，这是屈原的反映。先哲在水面前竟然产生了那么多灵感。这也是一种道法自然的例证。这也是先哲们观察世界体悟自然，以自然为师的一个表现。

生生不已是大道的本质，这与"爱"一致。这里包含了对于生命的肯定和赞成。追求大道的人应该爱护帮助生命，这是普世价值。

有了也能不去占有，这是了不起的。

说过了天地不仁、圣人不仁，此又说了大道的衣养万物，给万物以衣食，大道是万物的衣食父母。这是怎么回事呢？这叫做"道是无情却有情"，即该滋养的即滋养之，未尝不是仁之爱之，该凋谢的即凋谢之、不仁之，非不仁也，是大道也。大道，大自然的规律，比一切仁义道德更深远巨大。

为什么能做到不去居功，不去占有任何的成绩呢？这值得思考。第一，大道本身已经涵盖了一切，包容了一切，它的谦卑正是它的宏大的表现。它的低调正是高高的自有把握。它的平和，正是至上无为无形的形象。它的无为正是无不为的展示。它的无言正是伟大到不必言、非言语所能传达的程度。它还需要占有什么呢？一个已经意味着一切的主宰

着一切归纳了一切的概念之神，还需要什么的占有或者占有些什么呢？真正的自信最谦虚，真正的谦虚（不是伪装）最自信。第二，大道的功绩太多太大太无休无止，从不歇息从不停顿，根本不可能被占有。即其宏大性、久长性、无限性、人间性与超人间性（终极性、神性），不可能被任何人任何概念任何力量任何集团任何学派所侵占、占有。第三，占有就不可能长有，有占有就有被占有，即你的占有成为旁人占有的对象，从而失却你的保有。凡是能够占有的东西，都不可能永远属于占有者，不论是权力、土地、荣华、富贵、财产、名声、地位……

从这个意义上说，占有就是无有、不有，至少是将会无有、可能不有。而只有不需要占有才是真有。凡是需要自居的功绩，其实都是保不住的。凡是需要占有的一切，都不过是转瞬即逝的过眼烟云，都是不牢靠的。

只有大道、自然、真理、品格、境界、智慧、才华、风度才是不可剥夺、不可占有、不可转移、不可抢劫、不可霸占、不可否认的，甚至生命也不是人所能长期把持的，然而，毕竟有比生命更终极更概括的道在。

大道如此，那么人呢？人而愿意理解世界的本质，道的本源、本质，人而明道，人心而与道心相通相近，那也就应该能够学到做到功成而不有的境界。

客观上主导着万物而不是高高在上，绝对不以君临的姿态去发号施令，以至于可以命名为微小平凡，以至于可以低调地谈论它，有谁能完满地做到这样的程度呢？

做不到低调的人就不可能真正高调；做不到微渺的人就做不到伟大；做不到平凡的人就做不到出类拔萃。为什么呢？他或她的那点本钱，已经被自身的恶性膨胀与风头欲、表演欲糟蹋殆尽了。

自吹自擂与私心占有的性质是一样的，越是渺小的事物越是怕被轻视，怕被遗忘，越要闹哄个没完。越是与天地齐辉，与日月同在，与历史共进，与江海浪潮一起激扬，与大道美德睿智互动而共名，就越要赞美大道的伟大、世界的伟大、历史的伟大，而确认自身的渺小，确定低调的选择，对一切大言欺世、大话弥天、大轰大嗡不屑一顾。

越是安于微小平凡，就越是得到万物的归附，也越是真伟大。这是一个高明的理念，虽然做起来要多难有多难，但是真正做到了，就要多平常有多平常。这就是有意种花花不发，无心插柳柳成荫。这就是会者不难，难者不会。这就是最高的技巧即无技巧。这就是『文心应淡淡，法眼莫匆匆』（见多年前我的一首旧诗）。

人都是『大患在于吾身』，你自高自大呢，他还要自高自大，所以越是自高自大的人越是自高自大不起来。而出来一个得道者竟然能够做到不自大，他反而显得境界高蹈，心胸辽阔，人格伟大，如长江沧海，如珠穆朗玛峰了。而且这种因不自大而成的大，不具有侵略性，不占领空间，不妨碍他人他物，不造成对旁人的压力与伤害，不给自身背包袱，不端架子，不鼓肚子。他是让人舒服的大，而不是让人吓一跳、压人一头、让人讨厌的大。

这其实不是人格伟大，而是『道』格伟大，人从道中找到了理想的格调、风格、品格，多少分享一点大道的低调中的雍容与平凡中的高贵。

常无欲可名为小，这个说法也有新意。这是再次将具有大的特性的道说成小。无欲则小，则细微滋润，则不占地方，则不具有压迫感侵略感扩张感，无欲则随遇而安，息事宁人。老子说的对象是君王诸侯，不要轻易用革命造反的观念来批评老子。

第三十五章 淡乎无味

执大象天下往。往而不害安平太。

乐与饵，过客止。

道之出口淡乎其无味。视之不足见，听之不足闻，用之不足既。

得到大道的人，也就具有阔大的气象。有了阔大的气象，可以行遍天下，也可以感动天下，凝聚天下，影响天下，收拢天下。天下聚集在大道的气象下边，相互和谐平安，互不伤害。

至于奏乐与美食，只能吸引一时的过客，使过客停顿一下脚步，然后离去。

大道没有音乐与美食的诱惑力。它表面上是淡而无味的。观看它，不值得欣赏流连。聆听它，不值得倾心喜爱。然而大道是取之不尽用之不竭、永远有效、永远有助于人的。

说是大象即大道，那么这里为什么忽然要用『大象』一词呢？

道有大象，道呈现出大气象、大形象来。你的气象、形象决定着你的人气，决定着你是天下往——天下往你那里聚拢，还是天下弃——天下离弃你而去。大气象决定了相安、平和、太平。当然，如果侯王本身就狭隘刻薄、鼠肚鸡肠，气象全无，他属下的各种人员派别能不厮杀无度吗？

大气象而又寡淡，大气象而又止于乐与饵。大气象不是做出来烹调出来演奏出来的。它不追求刺激，不追求诱惑，不追求形象。气象者，非表层形象也。把寡淡当成一种美味美色美声，与其他一般人追求的美食美色美声作比较，这是老子的一个发明。至今南方人的语汇中也仍有将日子过得『平淡』作为一种理想来用词的。

从人的操持消费中我们可以看到一个特色，生产力越发展，文化越进步，人们对于感官享受感官刺激的要求越是减弱下来。高级菜肴较少酸甜苦咸辣的调料；高级茶饮较少颜色、气息与对舌蕾的刺激；高级绘画反而不那么大红大绿；高级诗文反而不那么在意于煽情与夸张；高级的表演艺术也不那么声嘶力竭。

一个高度熟练会干活的工人或农民，他劳动起来反而不咋呼，不咬牙切齿，不拼死拼活。

平淡，有可能是由于贫乏。平淡，也可能是由于富有，是由于一种以一当十、细水长流、不动声色、润物无声的风格。是对于人的敏感的尊重，是对于世界的尊重，不想用表面上的声势夺人来影响世界对于自身的审视与考量。不慌不忙，不急不闹，让世界慢慢走向你，接受你，认同你，而不会被你吵晕吵糊涂吵疲劳吵厌烦闹乱乎。

平淡与大象同在，请你从乐与饵、从声色犬马的诱惑旁走开，走过来。平淡的东西，平淡的道理，用之不竭，管用，经用，经考验。这也是老子的一大洞见。咋呼的东西往往比较夸张，夸张的东西与实际保持着相当的距离，与实际不一致的东西是怎么获得了一时的成功了呢？是怎么火起来的呢？一靠人为炒作；二靠特殊背景，非理性非真理非真实因素；三靠受众的愚昧轻信。它如飘风，如骤雨，来得快止得也快，不可能持久。

为什么受众会有愚昧和轻信呢？这就是问题的所在：谬误有时候比真理更叫座，更得宠，更炫耀出彩，更能闹出大的响动。真理有时候淡而无味，如老子所言。

如说人应该吃饭，就远比不上宣称人可以不吃饭更诱人耳目。宣称学习要循序渐进，就远远没有宣传速成法更令人瞩目。说是人应该奉公守法，也不如宣称一切清规戒律滚他妈的蛋更解气。宣称人总是要死的，远远不如宣称找到了不死药或者几乎不死之药更惊天动地。

真理平凡，真理淡乎无味；而谬误特异，谬误往往给人强刺激。真理接近常识，从而显得一般化，叫做『视之不足见，听之不足闻，用之不足既』——不好看，不好听，不好用，不那么顺耳顺眼顺手。

而谬误因为反常识，反而触目惊心，心惊肉跳，勾人眼球。真理教给你的是慢慢劳动致富，谬误教给你的是一下子中特等奖。真理给你的是百分之九十九点九九，谬误引诱你去争取那个百分之零点零零零……一。谁说谬误不厉害呢？谁能不多看谬误一眼呢？

但是这种惊世骇俗的谬误效应是绝对难以持久。不死药吃了又吃，死得更快更惨，人们就无法再相信与追求不死药了。靠赌博与彩票致富的道路走上一段就会被大多数人所冷淡唾弃。辟谷功就算确对减肥有效，也代替不了正常的用餐与卡路里供应。俗话说，上当只一回。其实不见得，有的人就在同一性质的问题上屡屡上当，好吧，上当不止一回，那么上当十回十一回，也就不会再上了。

平淡的道理用得长久，惊人的宣示常常靠不住。老子那么早就发现了，为什么我们至今还常常受骗上当？因为私心人皆有之，营私的主张就有了市场。侥幸的心理人皆有之，投机的主张就有了市场。懒惰、图安逸、怕苦之心人皆有之，于是邪门歪道就有了市场。嫉妒、贪欲、怨天尤人之心人或有之，于是极端主义就有了市场。刑事犯罪的事例也告诉我们，骗子正是利用人们占小便宜的心理才做局设套，令人上当受骗的。

不要拒绝与忽视平淡，不要轻信与乞求奇迹，不要一时被煽起来就忘掉了常识，这些经验之谈，是值得听取的忠告。

安宁、平顺、太平，是老子的一贯主张，所以他劝告世人不要轻易被诱惑，不要拒绝平淡的大道。当然，这样一来，他就缺失了鲲鹏展翅、搏风击浪、碧浪掣鲸、如荼如火的人生的这一面了。奈何？

第三十六章　欲取固予

将欲歙之，必固张之。将欲弱之，必固强之。将欲废之，必固兴之。将欲取之，必固与之。是谓微明。

柔弱胜刚强。鱼不可脱于渊，国之利器不可以示人。

你想关闭它，就更要先扩张它。你想削弱它，就更要先强化它。你想废除它，就更要先兴盛它发育它。你想从它那里拿去一些东西，就更要先给予它一些东西。这才是精妙入微的道理与智慧。

柔弱常常能战胜刚强。鱼儿是不能离开深水的。国家的最有效的手段，最厉害的武器或者本领，是要保密的。（就像不能把鱼儿从水里掏出来炫耀一样，国家也不能炫耀自己的手段、武器或者本领。不炫耀的国家貌似柔弱，其实比动辄显示力量的国家强大。）

这一章，第一像是讲阴谋手段，第二像是讲兵法。类似的说法其实不仅在老子这边有，欲擒故纵、声东击西、围魏救赵、死里求生、骄兵必败、以退为进、以守为攻、居安思危、置之死地而后生……以及卧薪尝胆、以屈求伸、笑

里藏刀、先礼后兵等都有点这方面的味道，这些成语与计谋也已经家喻户晓。

如果老子写的是处世奇术，或者兵法要览，把它说成阴谋或者计谋，不无道理。问题在于老子讲的是大道，大道的根本原理之一是相反相成，物极必反。问题不在于我对你将欲取之必固与之，问题在于你为什么老要张之、强之、兴之、得之呢？你不懂得月盈则亏，水满则溢，盛极必衰，扩张久了必将闭合，太强壮了必将衰老削弱，太兴旺发达得势了必将被淘汰，得到的太多了必将丢失得多，登得高必会跌得重这一类的道理吗？大道如此，难道你能说这乃天地大道在向你要阴谋玩花招吗？

从大道中可以衍发出德性来：虚静、如谿、若水、谦卑等是也。从大道中可以衍发出悲观消极来，如不仁、不为、不言、不为天下先、柔弱、婴儿等。从大道中也可以衍发出积极有为的东西，有道者为天下式，天下往，无为而无不为，治大国若烹小鲜，安平泰，真正做到长久、长寿，莫能左右。从大道中也可能衍发出阴谋诡计、衍发出吃小亏占大便宜，直到虚伪。后者就是入了魔障，就是学大道而走火入魔，原因不是道的魔性，而是你的魔性。道魔一念间。大道是哲学，是本体论与认识论、方法论，讲的是认识、道德、境界、修养，学得好了是高人、圣人、君子、得道之人，至少不做妄人、恶人、愚人，学歪了变成阴谋家，这又怨谁呢？能怨老子吗？

大道里有观念，有品格，有境界，也有技巧。我们说道是道理、道心、道品、道路，同时我们的汉语构词中也有道器与道术的命名。大道中有将欲如何必固反着来的『术』，这样的术可以被圣人所用，也可以被邪恶所用，像一切技术一样，技术本身不能保证它被利用的正义性与谬误性。

这一章的将欲如何、必固如何，偏于道术，偏于实用，特别是战争或政治斗争中的应用。它有可能被皮毛化、阴谋化、非大道化。这是事实，也是鲁迅所说的，鹰可能与鸡飞得一样低，鸡却永远不会与鹰飞得一样高。就是说，追求大道的人从技术上学到的仍然是大道的启发、大道的无所不在、大道的证明。而一心搞技巧包装的人，即使你讲给他道的真谛，他听得进去的仍然只有计谋与机巧，而一个心术不正的人，他接触到了道，却得出了害人之道、骗人之道、诡计多端之道，也就是对于大道的背离与歪曲，最后只能由于失道而灭亡。这样的事情也是常常发生的。

类似的观念在我国的武侠小说中多有发挥：好人学了武，更好；而坏人学了武，更坏。

所以我喜欢讲大道无术。倾心大道的人用不着那么技术那么谋略那么钩心斗角，宁可放开胆量，敞开心胸，用光明对待阴暗，用正直回应邪恶，用善意回答不怀好心。

把大道理解成阴谋，这可能来自邪恶的居心，也可能来自对于大道的理解认识的皮毛化。只看到了皮毛上的相似之处，只看到鹰与鸡飞得一样低之时，便否认了鹰的穿云乘风向日高飞的性能，便为鹰搭一个草窝并且断言鹰压根儿就应该是住在这里的。

从动机上看，皮毛化认识问题本身并不是罪恶，但是其愚蠢的结论，如认为老子是阴谋家，则是因愚而谬，因谬而错，以致因错而害人害己，自陷于罪。或者是由于小聪明、小有聪明，距大道十万八千里，以小聪明观大道，作出了符合自己的小聪明的而且是不怀好意的解释。

越是小聪明越容易对别人不怀好意，越容易把小聪明用到不怀好意上，刻薄挑剔以对人，微醺欣赏以对己。这是越是小聪明越容易对别人不怀好意，越容易把小聪明用到不怀好意上，越搬弄聪明以对人，就越欣赏以对己。这是自己的小聪明而且是不怀好意的解释。

以致因错而害人害己，自陷于罪。或者是由于小聪明、小有聪明，离大道十万八千里，以小聪明观大道，看出了符合

从政治上看，这手段与做法本身并不是罪恶，但是其愚蠢的结论，如认为老子是阴谋家，则是因愚而谬，因谬而错。

就应该是住在这里的。

之处，只看到事与愿违得一样作之时，便否认了事物的客云来风向日高下的性能，便为事搭一个草窝并且断言事无限儿

把大道理解成阴谋，这可能来自邪恶的居心，也可能来自对于大道的理解认识的皮毛化。只看到了皮毛上的相似

明对待阴暗，用正直回应邪恶，用善意回答不怀好心。

所以我喜欢讲大道无术。懂了大道的人用不着那么技术那么谋略那么多的心斗角，宁可放开胆量，敞开心胸，用光

类似的观念在我国的武侠小说中多有发挥：好人学了武，更好；而坏人学了武，更坏。

计多端之道。也就是对于大道的背离与歪曲，最后只能由于失道而灭亡。这样的事情也是常常发生的。

真谛，他所得到的仍然只有计谋与机巧。而一个心术不正的人，他接触到了道，却得出了害人之道、骗人之道、诡

的人从技术上学到的仍然是大道的启发，大道的无所不在，大道的证明。而一心搞技巧奸诈的人，即使你讲给他道的

非大道的。这是事实，也是鲁迅所说的，鹰可能与鸡飞得一样低，鸡就永远不会与鹰飞得一样高。就是说，追求大道

这一章的论述如何、必固如何，偏于道术，偏于实用，特别是战争政治斗争中的应用。它有可能被权术、阴谋、

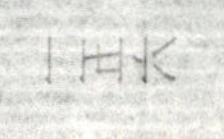
一五六

一五五

技术一样，技术本身不能保证它被利用的正义性与必要性。

道器与道术的命名。大道中有将欲如何必固反着来的「术」，这样的术可以被圣人所用，也可以被邪恶所用，像一切

大道里有观念，有品格，有境界，也有技巧。我们说道是道理、道心、道品、道路，同时我们的汉语词汇中也有

亲人、恶人、愚人，学歪了变成阴谋家，这又怎能说得清呢？能怪老子吗？

是本体论与认识论、方法论，讲的是认识、道德、境界、修养，学好了是高人、圣人、君子，得道之人，至少不做

直到虚伪。后者就是入了魔障，就是学大道而走火入魔，原因不是道的魔性，而是你的魔性。道魔一念间。大道是哲学，

治大国若烹小鲜，安平泰，真正做到水火不侵，莫能与争。从大道中也可能衍发出阴谋诡计，衍发出小气古怪直。

不言、不为天下先、柔弱、婴儿等。从大道中也可以衍发出积极有为的东西，有道者为天下式，天下往，无为而无不为。

从大道中可以衍发出静观来，虚静、如婴、若水、谦卑等是也。从大道中可以衍发出悲观消极来，如不仁、不为、

地大道在向你要阴谋诡计的路吗？

得势了必将被淘汰，得到的太多了必将失去更多。答曰，有心会被这一类的道理吗？大道如此，难道你能说这就是天

兴之，将之取？欲不道自见盈以言。水满则溢，盈极必亏，进先入了必将困合，太强壮了必将衰老消亡，太兴旺发达

的根本原理之一是相反相成，物极必反。问题不在于我对你将欲取之必固与之，问题在于你为什么要张之、强之、

如果老子讲的是他的看法、做法与要说，只可说成阴谋家的计策，不是道理。问题在于老子讲的是大道。大道

里藏刀，兵法与兵家等都有点这方面的味道。这些成语已经由历史验证了的。

千真万确的事实。我知其然，不然其所以然。

好，用不着为老子的非阴谋家而辩护了，在庸人眼里，智者确实像是比他多了点计谋，庸人虽庸，但是能接受计谋之说，喜爱计谋之说，热衷于计谋之讲究，却不可能接受大道之论、境界胸怀之说。

这一章仍然有些惊心动魄，尤其是政治家，将欲废之，必固兴之，读之令人怦怦然。先立后废，先扬后贬，先放后收，先与后取，这一类的历史过程确实存在。有些是故意的谋略，有些则只是客观的必然过程，乃至是一个令人感慨系之的过程。你无法断定韩信的从青云直上，到身为齐王，到被杀全部是刘邦或吕后的设计，只能说韩信的故事证明了大道的有效性与警示性。大国的许多兴衰故事也说明了老子讲的这些惊心动魄的道理。

然而，它仍然不全然是人工的设计。世事千变万化，再说几十个『将欲N之，必固X之』，对于世界来说，仍然是太简单太草率了，这些只是粗线条，引为警惕、痛加防范则可，很有意义，视为药方或锦囊妙计则不可。

柔能胜刚，弱能胜强，这是国人的一个见解，也是一个经验，未必是从老子的著述中发明出来的。然而这不是无条件的。条件就是水，柔与弱的主体就是鱼，鱼儿离开了水，必然完蛋，更不可能胜什么刚强了。水是什么呢？老子一直认定，水是大道的形象与外象，不离开水，就是须臾不离大道。

条件又是深藏二字，大道如国之利器，不是让你挂在嘴上，不是让你显摆吹嘘的，只有用含蓄低调的态度学道用道，用非伪非饰的态度体悟大道，才能接近真正的大道。

名将不谈兵，他深知兵的千变万化，不可轻谈。名医不谈药，他深知病情的多种多样，岂可轻易开处方？国之利

器不能轻易示人，那不是用来表演用来炒作的。学问越深，道性越深，越应该沉潜含蓄，不可锋芒外露，不可以之装点门面，不可将大道变成佐酒谈资，要注意内敛的功夫。那个『将欲N之，必固X之』的公式，那种微妙的『明』——道理与智慧，也是点到为止，不可多说。不可动辄将它拉到水面上来。

当然，这种讲法与现代思潮的强调透明度与人民的知情权，又大不一样了。

第三十七章　道常无为

道常无为，而无不为。

侯王若能守之，万物将自化。

化而欲作，吾将镇之以无名之朴。无名之朴，夫亦将不欲。不欲以静，天下将自定。

道常常不做什么（不该做、不可做、不欲做、不屑做的）事。由于没有将时间与力量放在不该做的事情上（由于没有去干扰万物的应道而行），所以各种事情都做得比较好。

诸侯君王若能保持住这种不做不应做的事的大道，万物都将自己化育、教化、成长、合乎正常的规律与期待。

万物化育成长到一定程度，会出现一些想头，想要（不切实际地）做这做那，要这要那了。我就用没有命名定义的质朴来约束制动。让它（万物）回到无名、未定义、未雕琢的本初状态。回到了本初的朴素与厚重，你也就不会有私欲了。没有了私欲，也就不闹腾了，天下自然稳定有序、长治久安了。

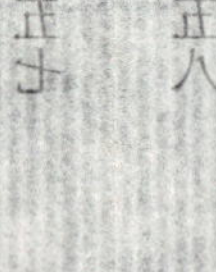

无为而无不为是一个有名的命题，有人认为它是老子的核心命题。国人对此始终是极感兴趣的。无为而治嘛，又叫天下无事。无事就是大治，这个老旧的说法里包含着老子的思维模式的影响。

天下无事了，大治了，当然就是做到了无不为。

无为的意思十分丰富，不是简单地什么都不干，更不是要求你干。而是：

其一，有所不为。有道德的与智慧的底线。那些不道德不聪明的坏事蠢事，无论如何，应该避免，应该不干，绝对不可为也。

其二，不过多干预，不主观主义、唯意志论，瞎指挥、胡作非为，轻举妄为，不轻易地大张旗鼓，不做表面文章，不乱提目标口号。万事万物都有自己的成长化育规律，你越是瞎去掺和，就越坏事。与其干预太多，不如静观其变。与其越俎代庖，不如尊重道的即万物的主体性。

其三，使自己处在一个可选择的状态，不急躁，不匆忙，不一脚陷进去被动应付。几乎所有意欲有为的人都有急于求成的毛病，都有一个早晨达到目标的梦想。在一个浮躁的年代，老子提出了冷一冷的忠告。

其四，不要过高估计自身的力量与作为的可能性可为性。不要永远在那里研究永动机的发明与天堂的人间化。不要脱离现实的可能性与渐进性。不要把愿望与现实、意念与行为混同起来，又不能割裂开来。

总之，老子认为，为是有条件的，不符合这样的条件，是不能为的。例如，有悖道德的事不能做；有悖客观规律的事不能做，境界低下、嘀嘀咕咕的事不能做；自我中心纯属为己谋私的事情不能做；情绪化、缺少理性衡量、带几

分歇斯底里的事情不能做，压根儿做不到的事情不能做；吹牛冒泡儿的事情不能做；显示自己、居功自傲的事情不能做；时机不对的事情不能做；伤害旁人的事情不能做……顺着这个思路想下去，人类的悲剧与其说是做的好事聪明事太少甚至于是不做事不作为，不如说是做的蠢事坏事糊涂事太多太多。

儒家讲三思而行，讲慎言、慎行、慎独，这里头都有无为的意蕴。

至于无不为，有的人抓住此言来解释老子仍然是主张有所作为的。

然而，我们反复阅读思考，我们能够发现的仍然不是老子有什么有所作为的正面主张，而是在无为——至少是无谬误过失帮倒忙的行为的前提下，让万物自行运转，万物自化，万物自得，万物自然而然地上轨道的理念。无为是前提，无不为是结果。无为是方法，无不为是目标。无为是哲学，无不为是价值。对于老子来说，实现无不为的理念的道路不是有为，而是无为。老子认为只有（侯王们）无为了，万物才能无不为。这确实精彩有趣。

这很不一般，很高明，但也很各色。它是稀有的珍贵见识，当然不可能是大道与真理的全部，也不可能是主流共识。它注意抑制凡人们的胡作非为，轻举妄为，蛮干勉强，一意孤行的冲动，教给人智慧，却不教给人责任心、使命感与献身精神。

所以老子是伟大的、智慧的、深刻的，却不是足够悲壮的，他不是无畏的志士。

从某种意义上说，老子的主张万物自化，主张圣人不言、不智、不干预，似乎有点自由主义直至市场经济的味道，有点尊重万物、尊重环境、尊重客观世界的味道。但是他的动不动拿出朴来，拿出无欲的主张来，幻想回到历史的最

初状态，回到原始社会，回到无文化无科技无生产力的发展的状态，又有点像是与世界唱反调、与人的欲望唱反调、对历史开倒车，他有点一相情愿加乌托邦主义。

从社会思想与哲学思想来说，无为说很有嚼头。从经济学来说，排斥欲望、镇压欲望则是不可能的，反人性的。从思想观念、价值观念来说，对于欲望进行必要的疏导与控制则是合理的。一味一心压迫欲望是不可取的。

老子在强调道的无为性的同时，也强调道的质朴性、本初性。他知道『化』了就欲作，越是发展就越有做什么要什么的冲动。他再次祭起了朴的法宝，他幻想让人回到初始状态、原生状态，浑浑噩噩，不要定义、不要命名、不要这系统那系统。这样的『朴』内存宽广、空间辽阔、时间久长，不受欲的控制与迷惑，与大道相通。

无为是一个否定性的命题，朴是一个肯定性的命题。

无欲是一个否定性的命题，是一个乌托邦。

以朴镇住欲作的倾向，以朴取代欲与作，也就是以无为取代有为，是一个美丽的与一相情愿的幻想。

万物自化，则是一个英明的论断、天才的论断，然而又是一个理想化而非可操作的论断。

老子怀疑欲望的积极意义，怀疑文化的积极意义，怀疑历史发展的积极意义，这从学理上来说，是提出了很有学术价值的思考难题。

问题在于，欲望不欲望的问题不是一个学术问题、思辨问题，欲望与生命同在。你可以对欲望有所克制掌控，有所引导升华，却不可能完全取消。通过完全取消欲望以达到不欲而静、天下自定的目的，这十分彻底，正因为太彻底了，所以只是空想。

空想能够达到的，可能是现实所不能达到的。空想也是一种愿望，可能是比一般欲望更加高级的愿望。所以空想也是有魅力的。空想也是一种启发一种贡献，在一定意义上。

老子对于读者的启发，不是绝对的无为与无欲，而是批判性地审视自己的有为与有欲的状态、过程与经验教训，提出对于自己的至少是无谬恶之为、无过分之欲的要求，注意尝试以朴质之心取代欲作之动，引导自己成为更加本色、得道、从容、心胸阔大、永远立于不败之地、反而更有所成就的人。

第三十八章　失道而后德

上德不德，是以有德；下德不失德，是以无德。

上德无为而无以为；下德无为而有以为。

上仁为之而无以为。

上义为之而有以为。

上礼为之而莫之应，则攘臂而扔之。

故失道而后德，失德而后仁，失仁而后义，失义而后礼。

夫礼者，忠信之薄，而乱之首。前识者，道之华，而愚之始。

是以大丈夫处其厚，不居其薄；处其实，不居其华。故去彼取此。

真正上品的、受推崇的道德，不是以意为之的道德，所以是真正的有道德。下品的、强求之的道德，唯恐失去了道德的美好，所以并非有真正的道德。

真正的高品位的道德并不刻意去做什么，也没有理由去要求做什么。勉强的道德做不成什么，但是老想着做这做那。

上品的仁爱，做得到仁爱，但不是刻意要去仁爱，不是为了仁爱而去仁爱。

上品的义气、正义则是有意为之的义气、正义。

上品的礼法（礼貌、礼节、礼仪）你努了半天的力却没有什么人响应。没有人响应了就捋胳臂挽袖子来硬的了。

所以说，大道丢掉了才强调道德——价值观念。道德——价值观念不管用了，才强调爱心——仁慈。不讲爱心——仁慈了，才强调正义——义气。连义气信用这些处理好人际关系的词儿也不讲了，就剩下礼法啦。

这个礼法呀，是忠信都渐渐失却、人心浇薄而乱象已出的标志。

前人已经认识（或谓是指前面所说的那些东西），德仁义礼，尤其是礼，都是大道的华美的外表，也都是愚傻的开端。

所以大丈夫宁愿意选择朴厚，选择厚重的积淀与根基，而不选择浅薄、浇薄。选择果实，而不是选择浮华。人要在薄厚实华之间作出认真的选择。

老子最不喜欢刻意的、非自然而然的、非本意的对于某种价值的强调与遵循。他认为，经过人为的强调，经过自己的有意为之的推崇，经过了自然以外的某种力量——例如群体与侯王——定义命名，就离开了朴素的本性，离开了

自然而然的氾兮不可左右的形象，离开了无为而自化而无不为的理念，也就是离开了大道，就是要左之右之指挥之经营之，就走向了道与自然的对立面。这个观点与后世的、在我国曾经引起争议的关于异化的学说可以互相参照。

所以他指出刻意经营的德性不是真德性——闹不好会是教条、死心眼、自我表现、作秀、口头空话、人云亦云；更坏的则只是面具、虚伪、欺骗，是蒙骗他人的手段，就是说以德性、道德的名义搞价值霸权、价值强权、价值控制。刻意经营的仁爱也不是真仁爱，弄不好只是随大流、争名声、争实惠、做样子，再坏的就是伪君子，是口蜜腹剑。

他认为正义呀义气呀等就更等而下之，本身就是有意为之，做得最好也是有心做之。义气讲的是人际关系，是弱者的自保要求所决定的，是要回报的，是生存与斗争的手段，与大道背离。（王按：其实义也有符合天性的一面：群居性很强的人类是需要义气的，人们会在友谊中享受快乐与幸福。不知道为什么老子对于义的评价如此低？可能是由于义往往是下层人的首选，是江湖上的价值。）

至于正义，当然是好东西，麻烦的是各人角度背景不同，对于正义的理解弄不好是针锋相对。以主持正义自居，弄不好是包打天下，世界宪兵，霸权主义。

礼法带有管理性、体制（秩序）性、统治性、惩罚性。如我在谈《红楼梦》时多次宣扬的，王熙凤伸手就可以打丫鬟的嘴巴，就可以拔下簪子戳丫头的嘴。管理是一种潜暴力，管理是以实力作后盾的。王熙凤过生日，贾琏趁机乱搞，为贾琏放风的丫头没有应凤姐之叫唤立马站住答话，叫做『莫之应』，于是凤姐就『攘臂而扔之』，又是打嘴巴又是拔簪子扎，这是很符合老子所描写的情状的。所以从礼法层面治国平天下，就更加低下了。

这很美好，但是不无唯道论、大道乌托邦主义的色彩。把大道、天性与管理、秩序、礼法截然对立起来，把大道说成绝对先验的，拒斥学习与自觉意识，把良知性良能性的大道与后天的学习修养绝对对立起来，是说不通的。人类学的研究证明，原始状态与原始社会，固然会有些好的东西，但也有野蛮、愚昧、专横。从这一章中倒是可以看出老子对于儒家的道学化、念念有词地修养修炼化、做作化、形式主义化的反感、预见与警惕。

老子是强调无的，无心，无意，无名，无为，无价值强调，更无价值强制。这些好倒是好，有点无政府主义的味道，但容易脱离实际，变成空想玄谈。

孔子是强调有的，有志于学，有仁义礼智信，有忠孝节义，有五伦四维八纲，有尊卑长幼之辨。这些也好，但弄不好会变成装腔作势，会变成形式主义，会变成满口的仁义道德，一肚子男盗女娼。

老子认为原生的朴才是厚重的，有根基，有依据，有制约作用，有历史的积淀与见证，有大道的背景。而文化呀价值呀追求呀礼法呀意志呀好恶呀只是历史上薄薄的一层记录，大道与朴的薄薄的一层表面张力。

在所有的章节中，老子都是以赞赏的口气讲述道的，只是此章，出来一个道华愚始的命题。

窃以为，此处的道不是指大道，而是指可道不可道的那个道，就是讲说的意思。那么『前识者，道之华，而愚之始』，就应该做前面说的礼法之类，说起来好听，其实是愚昧的开端。或者可以断句为『前识者道之，华而愚之始』，就是说坚持前面的认识，宣扬礼之类的玩意儿的话语，华而愚（华而不实却又愚昧浑噩）就这样开始了。

也许华而愚蠢是讲得通的，如人们常说的『愚而诈』。

这里我对『前识者』的解释与诸家不同，无碍，如我解错了可以放弃，这不影响我们讨论老子的主要思路。我不想把讨论用到我的非长项——文字的说文释义上。读者可以参考众家之说而理解之。愿识者有以教之。

这里还有一个对于人类行为的研究评价问题。无为而无以为，就是说没有作为也没有作为的动机与目的。为之而有以为，则是不仅有作为的行动，而且有作为的动机与目的。强调性情，强调自然，强调真心的人往往排斥动机与目的，往往视有动机与目的行为为伪。比如《三国演义》中的刘备，他的所谓仁义的表现，极易被视为收买人心、刁买人心的手段，因为他正在从事与魏吴两国争夺天下的斗争，他的一切行为易被认为带有表演性，为了争取民心人心。尤其是男女之情，如果加上了非感情的目的，立刻就为读者所厌弃。《红楼梦》中薛宝钗的种种克己复礼的表现，也受到拥林派的攻击，说其目的乃在于取得宝二奶奶的身份。再如我们素常所说的积极表现，一旦被视为具有求官求财的目的，似乎行为的评价也一落千丈。

而目的性，有以为性，恰恰是人类行为的特点之一。能够不因目的而矫情而作伪，能够不拒绝至少是向自己的亲人友人敞开心扉，能够使自己的目的与性情和自然而然的本性尽可能地统一，已经很不错了。

第三十九章　天得一以清

昔之得一者：天得一以清，地得一以宁，神得一以灵，谷得一以盈，万物得一以生，侯王得一以为天下贞。

其致之也，谓：天无以清，将恐裂；地无以宁，将恐发（废）；神无以灵，将恐歇；谷无以盈，将恐竭；万物无以生，

将恐灭；侯王无以贵高，将恐蹶。

故贵以贱为本，高以下为基。是以侯王自称孤、寡、不谷。此非以贱为本邪？非乎？故至誉无誉。

是故不欲琭琭如玉，珞珞如石。

（大道的特点是它的唯一性、统一性、完整性、一元化，所以大道即一。）

自古以来，得到了这个伟大的一的主体当中，如果天得到了这个一，天就清晰明朗了。地得到了这个一，地就平安稳定了。众神得到了这个一，众神就灵验了。山谷、谷地得到了这个一，就充盈丰满了。万物得到这个一，就有了自身的存在与形成了。侯王得到了这个一，就可以成为天下的标杆了。

这样说下去，也就意味着：如果天不能长久地保持清明，恐怕早晚会断裂。如果地不能够保持安稳，恐怕早晚要崩塌闹地震。谷地如果不能保持充盈饱满，早晚会枯竭干涸。万物不能保持生机，恐怕早晚会陷于灭绝。侯王如果不能保持一定之规，或侯王如果不能成为标杆成为榜样了，恐怕早晚要败亡。

所以富贵是以低贱为基本的，高尚是以卑下为基本的。所以越是高贵的侯王，越是要谦称自己为孤、寡、不善，这不就是以贱为本吗？所以说最高的、最完满的名誉是名誉的消失。

所以说，一方面并不想做细雅的美玉，同时也不必是粗硬的硌人的石头。

这一章，老子又进一步地研究、表述、描绘道的另一个特质，为道作了新的命名：一。

一方面老子反对任意命名，一方面老子又不停地为道命名，不停命名则不拘于一名，他是在启动你自身的了悟与

探索，而不是给你下定义。

一就是唯一，不二法门，统一、整体、整合、同一，一元化、根本的根本、本质的本质、永恒的永恒。

有了一，才有至上性，如果不是一个完整的大道，而是各说各的，各运转各的，就会有比照争拗、多元无序、竞争消长，那还有什么至高无上，还有什么一元化的观念与操作，还有什么中国式的本质主义、概念崇拜、大决定小的推理、演绎法？

同时按照民间的说法，一就是无极，又是太极，又是两仪（乾坤、阴阳或男女）、三才（天地人或三垣，后者是讲星象）、四象（四季春夏秋冬或四方东西南北）、八卦（乾、坤、震、艮、离、坎、兑、巽），万物万象的总根源、总概括、总归宿。九九八十一，乘法口诀里的这样一个算式9×9=81，来到了中国民间，叫做九九归一，成为一切归于一的证明。九是最大的数字，但是九个九的结果是归于一，请看一是多么厉害。中国式的数不但是数学数字概念，而且是命运哲学神学概念。

一就是多，多就是一，九九归一。一的一切，一切的一。

中国的构词就是伟大，尼克松就赞美过中文中的『危机』一词，既意味着危险，也意味着机会。同样『一切』这个词也是伟大的，它是一，也是切，是单一，更是全部。

这是非常中国式的世界观，它想象，它相信，世界不论是多么多种多样、多姿多彩，最后都能概括到一起的，世界具有统一性与整体性、可整合性。

世界有统一性，这是现代人也相信的观点。外层空间取来的物质样品，与地球上的物质并无区别。

但是比起多来说，中国人更崇拜的是一。现象是多的，而本质只有一个。假象是多的，但真理只有一个。万物是多的，大道只有一个。群雄争霸的时候是多的，最后，仍然要归于一位真命天子。

中国语言文字的特点是抓住一，再发展、衍生到多。比如牛是一，是本质，然后牛奶、牛肉、牛皮、牛毛、牛头、牛尾……势如破竹。道是本质，道路、道德、道理、道器、道术、道门、道心、道道儿以及天道、大道、正道、古道、茶道、柔道（此二者来自日语构词）、旁门左道、邪魔外道……花样无穷。而如果以德作那个一呢，那么大德、玄德、无德、缺德、失德、恩德、口德、酒德、品德、妇德……也是一生发一大片。

那么，既然一切的一切可以找到一个又一个的本质本源，可以找到一个又一个的一，最后，所有的一当中又怎么能不统一到一个最高的一、最大的一、最久的一、最根本的一上来呢？

老子把它们统一起来，最最高峰化起来，就是大道，就是道。

那么这个一究竟是怎么得出来的呢？第一，可以说是淘汰法、减法，就如同争冠军一样，国人前贤一直寻找一个能够包括另一个，即吃进另一个的概念，例如土地就吃进了农田的概念，土地的含义比农田大，包括了农田，土地的概念在比赛中胜出，进入了可能是十六分之一的决赛。而地的概念又吃进了土地的概念，地里包括了土地、山岭、江海、冰河、沙漠等，地进入了八分之一的决赛。那么宇宙的概念又可以吃进地去，进入了四分之一决赛。和宇宙在一起的还有上帝或者神灵，还有物质与观念或者精神……对于老子来说，概念冠军赛的最后优胜者是道。道可以吃进宇宙、

天地、物质、精神、真理、仁、上帝、造物主……道才是至上的与无限大的。

第二个办法就是无限地相加，既然农田加江海加荒野加山岭加南北极等于地，既然地加天等于天地，既然天地再加天地之外的天地即无限个银河系等于空间，既然空间加时间等于宇宙，那么最后世界的一切加一切再加到无限大，就是无所不包的道了。

啊，道是多么伟大！

中国人的许多成语也反映了这种寻一情绪，寻一情结，寻一倾向，颂一传统。比如：始终如一、一如既往、一言以蔽之、一往情深、一心一意、一脉相承、一语中的、一鸣惊人、一飞冲天、一往直前、一言而为天下法……这些都有极正面的意思。同时，也有一手遮天、一意孤行等成语，说明中国人对于一的过分夸大与强调所可能带来的毛病，并不是没有感觉。至于另外一批成语熟语：二心、三心二意、二重人格、两面三刀、两面派，则不是什么好话了。

把道称为一，是对道的最高礼赞，其强调与崇拜程度，超过了玄德、谷神、若水、玄牝、惚恍、虚静、冲等的其他名号。

一的特点在于不二性。湖南有个景点，从凤凰到张家界的路上，叫做『不二门』，这也是寻一情怀的表现。

得了一，就什么都有了；失了这个一，就什么都没了。这是唯一的意义的两个方面。这是同义反复吗？其实老子一书中同义反复的构词造句并不算少。同义在反复中深化与玄妙化，这是修辞学，不是逻辑学。解者不必另辟蹊径，挖空心思，巧作奇解。

所以这个一就是一个值得崇拜的同时具有哲学内涵与宗教情怀的概念。我说过这个一是中国某些人的上帝，后遭

到质疑。其实我说的中国人的上帝当然不是基督教的或佛教的上帝，而恰恰是中国式的语言崇拜、概念崇拜、本质崇拜、大道崇拜。上帝说可能显得突兀，然而我仍然坚持这个说法。《老子》在中国确实发展成了宗教，说是分离出一种宗教也可。而认为中国人太奇特，关于中国人太缺少终极关怀、缺少宗教情怀的说法，并非完全有根据，其实中国人只是没有把终极崇拜引向人格神或神格人就是了。

按照国人的思路，有一个一，得一个一，就是有了主心骨，就是有了依托和根据，就是抱元守一，不移不裂不二。就是以一当十，以一当百，以不变应万变，就永远立于不败之地。石涛的一画理论，不论怎么样与老子学说拉开距离，其实仍然摆脱不了老子的这个对于一的崇拜。

至于高以下为基础，贵以贱为根本，这是对于一的困惑的一个回答的尝试。不是一吗？为什么社会上有贵贱与高下之分别分化呢？老子提倡一，崇拜一，却又必须面对贵与贱的分离。老子在谈到一的时候，不能不涉及这个贵贱高下的麻烦。

这与社会的金字塔结构与形象有关，这也是一种民本思想的早期形态。其实不仅中国，也不仅老子，这样一种眼睛向下的姿态是容易成为社会的共识的。尤其是金字塔尖顶上的人物，越是地位高，越要强调取得基本基础低贱大众们的支持的必要性，越要时刻不忘向低贱者们致敬致意、表示亲善。中国的传统说法，就是水能载舟，也能覆舟，还有国以民为本。对于贱与下，谁也不能大意。

老子乃不厌其烦地论述：贵以贱为本，高以下为基。然而，人们并不因之往『本』上奔，往『基』上靠。正如手

机段子上所调侃的：人们都知道大众的伟大，却常常不想做基础基本的大众一员；都知道高处不胜寒，却常常向上攀登得十分辛苦。这是现实对于老子的贱本下基说的刺伤与嘲弄。

所以历史上，定于一的过程从未中断，农民起义的天有二日的造反也从不中断。

唉，贫贱者羡慕富贵，富贵者可千万不要忘记向贫贱者示好！如果闹得贫富贵贱的差别太大了，关系太紧张了，逼得贫贱者铤而走险了，就变成贫贱者仇视富贵，变成革命造反颠覆内战内乱，也就没了一，乱局就出现了。基尼指数即贫富差距的指数是不可忽略的呀。

谈着谈着一与贵贱高下，为什么跑到侯王身上了呢？很简单，探讨一的结果，发展到国家政治上，就是一对于一切亦即君王对于臣民与资源的唯一合法统治。中国长期的封建制度是建立在这样一种哲学思维方式的基础上的：一的一切与一切的一，亦即一，面对着一切，一切，面对着一，有权力也有责任，有服从的义务，也有判断与评价的可能。

同时，老子的时代，侯王们还在继续他们的残酷的淘汰赛，累积扩张或者减少割让他们的权力和资源，比赛还在进行中，比赛的结果也可能是地裂神失谷竭。老子担心这种非一的局面的无休无止。而在这种淘汰赛中起相当的乃至决定性作用的正是贱的一方、下的一方的人心向背、选择与取舍。还有许多其他的不确定因素。侯王云云，成为那个一，谈何容易！

老子认为，最高的主导，最高的一是道，道是唯一。你即使成了人间的皇帝，如秦始皇那样，成为祖龙、始皇、人间的唯一了，你还要接受大道的监督与裁判。老百姓可能称颂你的奉天承运、皇恩浩荡，承认你的『普天之下，莫

非王土；率土之滨，莫非王臣』。但无可讳言的是，也有另外的可能，老百姓们不止一次地有过以替天行道的名义，以讨伐无道昏君的名义，扯旗造反，再次掀起淘汰赛与冠军赛的纪录。老子对于一的论述与赞美，承认了封建专制也限制了封建专制的任意性与合法性，老子的道——一的形而上的性质，使之不可能等同于一个形而下的寡头的统治。这也是很有趣的。

至于『不欲琭琭如玉，珞珞如石』的说法放在这里稍嫌突兀，可能是我还没有完全掌握住老子的思路；也可能是进一步讨论一的问题，与上文关于贵贱、关于上下、关于侯王的谦称联系起来，老子一面在强调一，强调对于一的把握与崇拜，一面必须面对贵与贱、上与下、侯王与百姓、琭琭之玉与珞珞之石的分化。非玉非石，老子也在考虑中庸之道的选择吗？

第四十章　有生于无

反者道之动，弱者道之用。

天下万物生于有，有生于无。

大道的运动往往是走向自己的反面，返回到本态。而道的应用、作用，是柔弱的、渐进的、低调的，即非强硬非凌厉非高调的。

天下万物，是从有即存在的状态下演变出来的，而有即存在的状态，又是从未曾存在、不存在、不具有、即无的状态下演变出来的。

一部老子的《道德经》不断地为大道命名，即为大道阐释其内涵。到了这一章，强调大道的名是反与弱，并归结到无。

反是什么？第一是反面，逆向，强调道的运动并不是一味向着一个方向发展，不是单向运动，而是有时向相反的方向的运动，常常是双向的运动。第二是强调返，古字反即返，返回。返回是什么意思呢？回到本初状态，回到本原状态。第三是返回来再返回去，带有周而复始的某种循环的特色。中国人是喜欢圆形的，不论是讲历史发展的规律，是讲天地万物的变化，是讲太极拳，是讲气功，是讲戏曲表演，都有一种对于几何圆形的崇拜。

运动的反方向性、可逆性、某种循环性，这是一个发现，是一个大胆的设想和预言。我们看惯了单向运动：人是越长越成熟，越长年龄越大，世界人口是越来越多，物产是越来越丰富，消费是越来越多越高标准，文化是越来越精致复杂，知识与信息是越来越膨胀，等等。

但是事物还有另一面，人太老了会产生返回儿童心态的现象。越是发达国家，人口减少的现象越明显。许多国家兴起了，强盛了，又衰落了，乃至灭亡了。许多人物立志了、奋斗了、成事了、发达了、辉煌了、固执了、孤家寡人了，垮台了。一年四季，阴晴寒暑，祸福通蹇，鸽派鹰派，直到时装式样、汽车类型、菜肴风味、文艺风格、明星偶像……也都有始而行时，继而扩张，续而挫折，极而反，周而复始的发展轨迹。

老子的反者道之动的说法，增加了人们的想象能力与创造能力，有助于人们考虑问题时多从几个可能方向推演，胜利时增加了忧患意识，失败时增加了沉着与自信。

王蒙讲说《道德经》系列

有许多有创造性的大政方针，就是反者道之动的产物：中美关系从敌对到接触与利益攸关、建设性的合作，合作中又时有矛盾摩擦；中国的社会主义经济从计划到市场，市场也需要宏观调控；农业从合作化到公社化到包产到户到规模经营；传统文化从痛加反省批判到强调弘扬其优秀成分，都是反者道之动的例证。

比如下棋，反者道之动的命题有助于多看几步，你要考虑你的几手准备也要考虑对方的应对。你要考虑你的精彩与出其不意，置对方于被动，也要考虑对方的出其不意，置你于被动。比如观景，它有助于看远一点，从东往西完了还要从西往东看，或有新的发现体会。比如做事，它有助于你多一点灵动，多一点应变能力与自我调整的能力，这一手做不成了，再考虑另一手。

社会主义国家搞改革开放，中国做得比较成功，与我们的文化不无关系。我们不仅有一种百折不挠、始终如一的坚持劲儿，也有百挠不折、足够的自我更新能力，还有择善而从、改而不乱、变而不惊的哲学头脑。这与某些一根筋拧巴到底，从一个极端转瞬跨入另一个极端的思维与行为模式大不相同。

弱者道之用的说法更奇了。健身、练功、竞赛、对抗、柔道、拳击……以及从事各种事业，难道有不要求自己的强壮与胜出，而自愿将自己搞弱搞败的吗？

老子的这一个提法令人难以全部接受，但是他有自己的道理与绝门在里边。表现柔弱一点，谦卑一点，低调一点，常常会比锋芒毕露、强弩硬弓、盛气凌人、轻举妄动更能成事。刘邦与项羽就是最好的例子。开头项羽比刘邦强势得多，结果是刘邦笑到最后。历史上与今天所说的韬光养晦，也是弱者道之用的意思。谦虚使人进步，骄傲使人落后，说的

是同样的意思。

我们至少可以做到，可以参考：不论多么自信，不论多么大的心愿志气，宁可多强调谦虚谨慎，多强调师长朋友的帮助支持，多强调团结依靠大家，高筑城、广积粮、不称王称霸。尤其是那些掌了权、有了高位、事业有成、名利双收的人士，如果以强梁姿态处世做人，恐怕难有好的结局。

保持弱势还有一层含义，为自己预留空间，为自己做好改进乃至改变的准备，为自己留下预案，留下适应发展的提前量，留下更上一层楼的高度。同时要随时做好受挫的准备、失败的准备。百战百胜是不可能的，而失败是成功之母却完全可能。不怕弱，不怕败，不怕错误，不怕调整转弯，不怕重新开始，这是中国文化的优势之一。

中国革命的历程，中国特色的社会主义建设的历程，正是这种文化的一个体现：『斗争，失败，再斗争，再失败，再斗争，直至胜利。』毛泽东的这句名言并不是从胜利走向胜利，像苏联人喜欢说的那样。这是值得深思的。

万物生于有，有生于无的道理亦极深奥邃密。首先从概念上说，这是一个极好的思辨训练：如果什么都是无，无也是无吗？无也无了，负负得正，不就成了有了吗？如果世界上只有有，与没有有又有什么区别呢？如果你与我都是亿万斯年地有的，那与没有与无有什么不一样？没有无的有等于无有，没有有的无等于无无。比如一个从来没有出生过也没有被怀胎过的『人』，你须要确认他或她的无吗？

有与无都是人的概念，是相反相成的概念。无是有的无，有是无的有，离了无则无有，离了有则无无。

另一方面，从经验与常识的角度，从科学的角度，我们看惯了万物生于有，有生于无。有了地球才有地球上的万物，

另一方面，从经验与常识的角度，从科学的角度，我们看到了万物生于有，有生于无。[illegible]

有也无非是人的概念，是相反相成的概念。无是有的无，有是无的有，离了无则无有，离了有则无无。

[illegible]

万物生于有、有生于无的道理正确深刻。首先从概念上说，这是一个极好的思辨训练。[illegible]

[illegible]

中国革命的胜利，中国特色的社会主义建设的胜利，[illegible]

[illegible]这是中国文化的特点之一。

[illegible]

[illegible]是同样的意思。

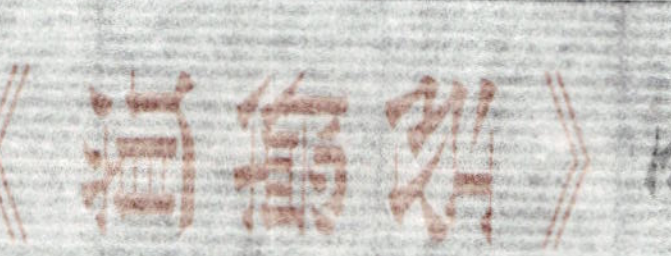

[illegible]

[illegible]

[illegible]以及从事各种事业，[illegible]

[illegible]

社会主义国家的改革开放，[illegible]

[illegible]

[illegible]

故万物生于有。地球有自己的形成，是从没有形成变成形成了地球的，是来自无。一个人有姓名年龄籍贯历程成就影响长短得失成败喜怒哀乐……这是万物生于有。但是这个人是从娘胎中有起来的，未进入或未结合于娘胎之前，他或她只是无。用我国百姓的说法，自己出生孕育之前，不知在哪个人的腿肚子里转筋呢。用我喜欢的说法，出生前五年就是我负五岁的时候，出生前一千年就是负一千岁之时，显然，无也不是绝对的，还是有负数在，有转筋的可能性在。那么死亡呢，死后此活人没有了，但还有记忆、记载、遗产或遗憾……有诞生多少多少或逝世多少多少周年的日本人称之为冥寿在。

中华人民共和国建立前是无，建立后是有，无的前身是有——旧中国，此有的更前身又是无。例如地球上出现人类以前，冰河时期或者什么纪时期，中国不是无又是什么？

老百姓很喜欢用有与无作主轴的成语俚语熟语：如有恃无恐、有备无患、有教无类、有心没肺、有今儿没明儿、有惊无险、若有若无……细品百姓对于无与有的领悟，也是有意思的。

而老子的看法，相较于有，无是更巨大更本原的概念，无是有的母亲，有是无的运作。不必诅咒无，因为无并不意味着死亡，而意味着永恒。无是道的别名，不是死亡的别名。个体生命，生自无，死向无。从当今的科学的观点来说，地球、太阳系、银河系，直到宇宙，都是生自无，又灭向无的。无是更加根本的状态，是有的更恒久的形式。而这种无，并非绝对的空虚寂灭死亡，而是永存的大道的一种基本状态，是充满了生机的无，是孕育着新的生机的无。我们完全可以相信这个无、礼拜这个无、珍重这个无，坦然于这个无。

无中有有的因素，否则有怎么可能生于无？一个人的有以前，已经有他的父母、有生命存在的条件，然后才可能有他或她。有中有无的因素，一个人在没有了、死去了以前，已经有无的因素：时间在逝去，细胞在死亡，童年在无，青春在无，往日的寿命在变无。

可惜后来俗人将无中生有当做贬义词来用，当做造谣诬告的同义语来用，却忽略了有生于无的规律性必然性，同样正确的是有者必无，终无、复归于无。

佛教也极喜欢讨论无与有这样终极性的课题。《宗镜录》卷四十六云：

……单四句者：（一）有，（二）无，（三）亦有亦无，（四）非有非无。复四句者：（一）有有、有无；（二）无有、无无；（三）亦有、亦无有，亦有、亦无无；（四）非有、非无有，非有、非无无……第一有句具四者，谓：（一）有有，（二）有无，（三）有亦有亦无，（四）有非有非无。第二无句中具四者：（一）无有，（二）无无，（三）无亦有亦无，（四）无非有非无。第三亦有亦无具四者：（一）亦有亦无有，（二）亦有亦无无，（三）亦有亦无亦有亦无，（四）亦有亦无非有非无。第四非有非无具四者：（一）非有非无有，（二）非有非无无，（三）非有非无亦有亦无，（四）非有非无非有非无……

这像是绕口令，更是绕概念令，绕有无令。正因为是有与无紧密结合，才绕得十分起劲有趣。你可以做思辨的概念的各种排列组合：有；有这个有，也有这个无；无这个有，也没有这个无；有就是有，同时是无；无就是无，同时是有；不是有，也不是无，同时又是有，又是无；也有有，也有无，自然就是既没有有，也没有无……这是对于世界故万物生于有。地球有自己的形成，是从没有形成变成形成了地球的，是来自无。一个人有姓名年龄籍贯历程成就影响，不短得失成败喜怒哀乐……这是万物生于有。但是这个人是从娘胎中有起来的，未进入或未结合于娘胎之前，他或她只是无。用我国百姓的说法，自己出生孕育之前，不知在哪个人的腿肚子里转筋呢。用我喜欢的说法，出生前五年就是我负五岁的时候，出生前一千年就是负一千岁之时。显然，无也不是绝对的，还是有负数存在，有转换的可能性存在。

那么死亡呢？死后此活人没有了，但还有记忆、记载、遗产，或遗憾……有诞生多少或逝世多少周年的，但本人却永远不存在。

中华人民共和国建立前是无，建立后是有。无的前身是有——旧中国。此有的更前身又是无。何况地球上出现人类以前，冰河时期或者什么纪时期，中国不是无又是什么？

老百姓很喜欢用有与无作主语的成语俚语熟语：如有恃无恐，有备无患，有教无类，有心没肺，有今儿没明儿，有惊无险，有若有无……细品百姓对于无与有的领悟，也是有意思的。

而老子的看法，相较于有，无是更巨大更本原的概念，无是有的母亲，有是无的活体。不必追究无，因为无并不意味着死亡，而意味着永恒。无是道的别名，不是死亡的别名。个体生命，生自无，死向无，从当今的科学的观点来说，地球、太阳系、银河系，直到宇宙，都是生自无，又灭向无的。无是更加根本的状态，是有的更恒久的形式。而这种无并非绝对的空虚或死亡，而是永存的大道的一种基本状态，是充满了生机的无，是孕育着新的生机的无。我们完全可以相信这个无，礼拜这个无，尊重这个无，坦然于这个无。

无中有有的因素，否则有怎么可能生于无。一个人的有以前，已经有他的父母，有生命存在的条件，然后才可能有他或她。有中有无的因素，一个人在没有了、死去了以前，已经有无的因素，时间在流逝，细胞在死亡，童年在无，青春在无，往日的寿命在变无。

可惜后来俗人将无中生有当做贬义词来用，当做造谣诬告的同义语来用，却忽略了有生于无的规律性必然性。同样正确的是有必归于无，终于无，复归于无。

佛教也极喜欢讨论无与有这样终极性的课题。《宗镜录》卷四十六云：

……单四句者：（一）有，（二）无，（三）亦有亦无，（四）非有非无。复四句者：（一）有有、有无，（二）无有、无无，（三）亦有亦无有，亦有亦无无，（四）非有非无有，非有非无无……第一有句具四者，谓（一）有有，（二）有无，（三）有亦有亦无，（四）有非有非无。第二无句中具四者：（一）无有，（二）无无，（三）无亦有亦无，（四）无非有非无。第三亦有亦无具四者：（一）亦有亦无有，（二）亦有亦无无，（三）亦有亦（四）亦有亦无非有非无。第四非有非无具四者：（一）非有非无有，（二）非有非无无，（三）非有非无亦有亦无，（四）非有非无非有非无……

这像是绕口令，更像是概念游戏，绕有无令。正因为是有与无紧密结合，才显得十分灵动有趣。你可以做思辨的概念的各种排列组合：有，有这个有，也有这个无；无，这个有，也没有这个无；有，就是有，同时是无；无，就是无，同时是有；不是有，也不是无，同时又是有，又是无；也有也无，自然就是既没有有，也没有无……这是对于世界的终极探寻，这同时也是概念与文字的游戏。你尽可以一边绕一边体会它的深远的含义去吧。多绕几次，似乎有助于开阔心胸视野。

思辨是为了实践，这是从总体上说的，思辨也可以是为了思辨，为了扩张思辨的能力与界面，为了发展思辨的气势与功能，为了思辨的快乐，为了弥补现实的不足。

就像做数学题，数学是为生活而做出了贡献的，但数学也允许纯粹的演算与思辨。今天的纯粹乃至游戏性思辨与计算、证明，明天也许可以用到操作中去。从纯粹的乃至于快乐型与趣味型挑战型的数学难题的演算与证明中，最后获益的仍然是数学的主体——人。

我是重视实践重视经验的，常自称经验主义者。但是同时我不拒绝纯粹思辨的快乐与光明境界，尤其是扩展思辨的光明净土。能够扩张思辨的光明净土，其乐何如！

我不拒绝用概念的花朵，缠绕修筑重峦叠嶂、气象万千、美不胜收的思想的花坛花园乐园。

亲爱的读者，请用有与无两个要领作一篇两千字的文字，绕口令或者快板也行。例如我随手写的：

世上多万有，万有终须无。

有有多声色，大千便欢呼。

声色变无有，俗人当痛哭。

此无彼或有，此有彼将无。

无有何者有？有无何者无？

你痛你的苦，我欢我的呼。

无无仍须有，有有一大无。

……

作完后，你会感觉自己一下子长高了好几厘米。你想试试吗？